하늘에서처럼 땅에서도

한울회 사건으로 본 국가 폭력 피해자들의 이야기

하늘에서처럼 땅에서도
한울회 사건으로 본 국가 폭력 피해자들의 이야기

초판 1쇄 발행　2025년 9월 17일

지 은 이	박은자
교정교열	김관호
펴 낸 곳	서로북스
출판등록	2014.4.30 제2014-141호
주　　소	경기도 파주시 회동길 480 A-407호
전자우편	minkangsan@naver.com
팩　　스	0504-137-6584
I S B N	979-11-87254-69-0 (03800)

ⓒ 박은자, 2025, printed in Paju, Korea

이 책은 저작권법에 따라 보호받는 저작물이므로 무단 전제와 복제를 금합니다. 내용의 전부 또는 일부를 재사용하려면 반드시 저작권자와 서로북스 양측의 동의를 받아야 합니다. 책값은 뒤표지에 있습니다.

하늘에서 처럼 땅에서도

한울회 사건으로 본
국가 폭력 피해자들의 이야기

박은자

서로북스

추천사

이학영
국회의원, 국회부의장

  법은 국민의 자유와 권리를 지켜주는 최후의 울타리여야 합니다. 그러나 전두환 군사정권 시기, 국가권력이 반정부적 사고와 표현을 반국가 범죄로 간주하며 헌법상 보장된 권리를 침해해 왔습니다. 정당성이 없는 군사정권은 사법체계를 정치적 목적으로 악용하고 법원은 정치적 분위기에 편승해 정의가 아니라 정권의 뜻에 따른 시대적 모순을 고스란히 드러낸 대표적인 사례 중 하나입니다. 당시 경찰과 검찰은 국가전복 음모라는 무거운 혐의를 앞세워 국가보안법·반공법·계엄법 등을 무리하게 적용하였고, 그 과정에서 정당한 법 절차는 무시되었습니다.

박래군
인권재단사람 이사, 4·16재단 운영위원장

  '한울회 사건'은 '오송회 사건'과 함께 전두환 정권 시기에 만들어진 가장 어처구니없는 국가보안법 조작사건입니다. 10대, 20대 청년들이 모여 이룬 신앙공동체를 하루아침에 고문을 통해 반국가단체로 날조하였던 사건입니다. 2023년 진실화해위원회는 국가의 인권침해를 인정하는 결정을 내렸습니다. 무려 42년입니다. 하지만, 법원의 재심절차는 멈춰 있습니다. 재심을 통한 '무죄 확정'으로 국가폭력의 시대를 청산할 수 있기를, 사건 피해자들이 조금이라도 위로를 받을 수 있기를 진심으로 바랍니다.

이해동
목사, 전 NCCK인권위원회 위원장

종교의 자유 역시 헌법이 보장하는 기본권입니다. '한울회 사건'은, 공동체적 기독교 신앙과 사회 정의에 대한 토론을, 수사기관이 '자생적 공산주의자들의 국가전복 모의'로 규정하므로 종교의 자유마저 위협한 사례로 남아 있습니다. 수형 생활 중 반복된 전향 강요와 사면 과정에서의 신념 포기 압박은 사상의 자유를 침해한 대표적인 국가 폭력으로 평가받습니다. 이 사건은 군사정권하 공권력이 헌법상 기본권인 사상·신앙·표현의 자유 등을 어떻게 침해할 수 있는지를 통해 검찰개혁의 필요성을 실체적으로 증언해주고 있습니다.

이나영
정의기억연대 이사장

대한민국은 여전히 분단 냉전체제라는 어두운 감옥 속에 머물러 있습니다. 무고한 시민들을 '빨갱이'로 낙인찍고, 불법 체포와 구금, 고문을 통해 허위 자백을 받아낸 국가폭력의 역사는 아직 끝나지 않았습니다. 개인의 삶을 무참히 짓밟고도 진심 어린 사과와 배상을 외면하는 현실은 우리 모두의 부끄러움입니다. '한울회 사건'은 그 대표적 사례입니다. 사건 발생 42년 만인 2023년 12월, 진실화해위원회는 당시 수사 과정에서 중대한 인권침해가 있었다고 인정하고, 국가의 사과와 재심, 명예 회복을 권고했습니다. 이제는 진실을 외면하지 말아야 할 때입니다. 대한민국은 억울한 피해자들의 명예를 회복하고, 정의 실현을 위한 법적·정치적·도의적 책임을 다해야 합니다.

조순덕
민주화실천가족운동협의회 의장

 이 책은 '한울회 사건'을 단순한 과거가 아닌, 오늘날에도 되새겨야 할 법과 정의, 인권의 과제로 제시합니다. 정치적 목적에 복무한 국가권력이 법을 어떻게 오용할 수 있는지, 자유가 제도의 이름으로 어떻게 왜곡될 수 있는지를 생생히 증언합니다. 우리는 이 기록을 통해 법치주의의 본질을 다시 묻고, 민주주의가 무엇을 지켜야 하는지를 깊이 성찰하게 됩니다. 이 책을 읽는 모든 이들이, '한울회 사건'을 반면교사로 삼아 자유와 정의, 그리고 인권의 가치를 다시 한번 되새기기를 바라며, 이 아픈 역사 기록의 일독을 권합니다.

황정화
한울회 재심 사건 변호인

 1979년 대전지역 기독교 신앙공동체인 '한울모임'은 온 인류를 기독교 신앙인으로 형성하는 신앙공동체를 구성하기 위한 모임이었습니다. 그러나 무도한 전두환 정권은 관련자에 대한 강압적·폭력적 수사를 통해 한울모임을 반국가단체 '한울회'로 둔갑시켰습니다. 수많은 사람이 영장 없는 체포, 장기 불법 구금, 고문과 폭행 등 반헌법·반인권적 수사로 돌이킬 수 없는 상처를 입었습니다.

이 사건은 결국 1982년 대법원의 무죄 취지 파기환송 결정으로 이어졌고, 국가 형벌권의 남용이라는 본질적 문제를 드러냈습니다. 대법원의 무죄 취지 환송판결에도 불구하고 사법부는 다시 '한울모임'을 유죄판결로 옥죄었고 현재까지도 완전한 정의 회복을 이루지 못했습니다.

다행히도 진실·화해를 위한 과거사정리위원회는 2023년 '한울회 사건'의 진상을 규명하고 재심을 권고하였으며, 이는 국가의 책임과 법적 정의에 대해 깊이 성찰하도록 하는 중요한 계기가 되었습니다.

지난 수십 년간 이분들을 변호하며 함께 걸어오면서, 저는 그들의 신앙적 순수함과 양심의 진정성을 직접 보아왔습니다. 반국가단체로 낙인찍힌 억울한 삶의 무게와 그 속에서도 흔들리지 않는 믿음과 정의를 향한 열망은 우리의 법치주의가 반드시 되찾아야 할 가치입니다.

이 책은 단순히 한 사건의 기록이 아니라 법치주의와 정의의 회복을 향한 간절한 호소입니다. 한울모임이 본래의 모습으로 회복되고 피해자들이 평범한 일상을 되찾을 수 있도록 하늘의 정의가 함께하기를 진심으로 소망합니다.

한울회 사건 개요와 재심의 필요성

한울모임은 1970년대 대전에서 네비게이토 선교회 간사와 독립 전도자로 활동한 홍응표 선생 가정의 성경공부집회를 그루터기로 교제를 유지하던 청년들의 모임이다. 당시 대학생 또는 고등학생 등을 신앙으로 인도한 홍 선생은 그리스도를 영접한 젊은이를 양육할 때 자신이 가진 모든 것을 주었다. 그러나 그들을 어느 노선이나 조직에 얽어매지 않고 자유롭게 스스로 성장하도록 하였다.

1979년 홍 선생이 대전을 떠난 다음, 성경공부에 먼저 참여했던 선배들이 함께 살던 자취방이 모임 장소가 되었다. 그곳은 항상 개방되어 있었고, 3~4명이 공동생활을 하면서 예배와 성경연구, 섬김과 봉사를 훈련하였다. 이 모임은 집회를 이끌어가는 선생이나 지도자 없이 주일에 모여 성경을 공부하고 교제를 나누었고, 여름과 겨울 방학 때는 직장을 따라 타지에 살던 사람들도 함께 모여 2~3일씩 수양회를 열었다.

5공 초기 한울모임 청년들이 군사정권을 비판한다는 정보가 대전 지역 경찰조직에 알려졌고 반정부 비판 세력 소탕에 혈안이 되었던 경찰에게 이들은 좋은 먹잇감이 되었다. 경찰은 1981년 3월 15일 주일 집회에 참석했던 청년, 대학생들을, 이후 고등학생 등 20여명을 줄지어 연행하였다. 형사들은 고등학생들을 가두고 협박

하여 선배들이 '한울회'라는 반국가단체를 조직한 빨갱이였다는 진술을 날조해냈다. 그리하여 6명의 선배들은 재판을 받고 옥고를 치렀고 어린 학생들은 지울 수 없는 상처와 두려움을 넘어 죄책감마저 안고 살아야 했다.

2023년 12월 진실·화해를 위한 과거사 정리위원회(진화위)는 사건에 관한 3년에 가까운 조사 끝에 이 사건을 "한울모임 국가보안법위반 불법구금 등 인권침해사건"으로 규정하고 국가는 불법 구금, 가혹행위 및 허위자백 강요 등에 대해 사과하고, 피해자의 명예회복을 위해 재심 등 적절한 조치를 취하라는 권고 결정을 하였다. 피해자와 가족들은 법원에 재심을 청구하고 짓밟힌 인권과 정의가 회복되기를 간절히 기다리고 있다.

전두환의 불법적 군사반란행동은 이미 사법적으로 단죄되었다. 그러나 그 당시 군부독재체제를 비판한 한울회 사건 피해자들에게 국가가 불법 가혹행위로 씌워 놓은 "반국가단체"라는 누명은 아직도 그대로 남아 있다. 평생 고통을 감내한 피해자들은 국가의 사과와 재심을 촉구한다.

차 례

추천사 ·· 4

한울회 사건 개요와 재조명의 필요성 ·· 8

*

우리는 빨간 물이 들지 않았다 _임정묵 ······································ 13

민주가 빼앗긴 봄은 어디에 있을까?_ 오민주(가명) ················· 21

기도 _홍응표 ·· 45

아름다운 사람_ 홍성환 ·· 53

눈물의 사람 _이규호 ·· 71

값으로 따질 수 없는 손실_ 장수명 ·· 95

굳센 마음으로 _박재순 ·· 101

한울은 내 삶의 마중물_임만연 ·· 113

그날의 진실을 알고 싶다_ 김동전 ··· 131

참 교사가 되고 싶었던 꿈_이충근 ··· 137

등불이 되어 준 한울 _이건종 ··· 155

최소한의 권리 _이선종 ··· 175

고백 _김종생 ··· 183

역사의 진실이 밝혀지길, 무거운 멍에가 벗겨지길!_ 임세영 ········· 195

*

작가의 글_박은자 ··· 207

진실 규명 결정서 ··· 213

증언자들의 약력 ··· 217

주일예배 드리고 사진관에 가서 함께 찍은 사진. 홍윤표 선생님과 자매님, 박재순, 이규호, 이진호, 김종상, 이종근, 임세영 등의 얼굴들이 보인다. 1977년 쯤으로 추정.

우리는 빨간 물이 들지 않았다

임정묵

우리는 빨간 물이 들지 않았다

40년이 훨씬 더 지난 일이지만 그때를 생각하면 여전히 가슴이 콱 막힌다. 하지만 나에게 한울은 얼마나 아름다운 이름인가? 한울의 시간은 얼마나 아름다운 기억인가? 한울에서 만났던 선생님들, 선배님들, 친구들……. 나는 지금도 그립다. 그 사람들이 그립고, 그들과 함께했던 시간들이 너무나 그립다. 하지만 아프다. 너무나 많이 아프다.

2016년 한울회 사건 재심 신청을 했을 때, 나는 증인으로 나갔다. 세월이 많이 지났고, 어떻게 진행된 일인지 알고 있었고, 또한 나이가 들었던 까닭에 마음이 편안한 상태에서 진술할 수 있을 거라고 생각했다. 하지만 변호인의 질문에 울컥 눈물이 치솟았다. 애써 잊었다고 생각했던 일들이 전혀 잊히지 않은 상태로 여전히 내 몸을 아프게 했다. 여전히 치욕스러웠다. 여전히 분노가 치밀어 올랐다. 나는 여전히 공포에 떨고 있었다.

그런데, 그런데…… 한울회 사건은 왜 여전히 그대로일까? 완전하지는 않다고 해도 민주주의가 만개한 세상인데 한울회 사건은 왜 억울함이 풀리지 않고 오랜 세월을 그렇게 부동자세로 서 있는 것일까?

한울모임의 선생님과 선배들이 북한을 이롭게 할 목적으로 반국가단체를 결성하고 활동했다는 국가보안법 위반죄는 폭력적인 국가 공권력이 만들어낸 것이다. 완전히 날조된 것인데도, 날조해 내느라 나 같은 고등학생까지 잡아다가 온갖 협박과 구타와 갖은 고문을 자행했음에도 국가는 사과하지 않고 있다.

나를 포함한 한울모임 회원들은 40년이 넘도록 신음하며 살았다. 하지만 국가는 아직도 그 신음 소리에 귀를 기울이지 않는다. 민주주의가 꽃을 피운 세상인데 억울함을 풀어주지 않고 있다. '국가보안법 위반'이라는 붉은 줄이 오늘도 거칠게 목을 조인다. 숨을 헐떡이며 견뎌내고 있는 신음이, 비명이 들리지 않는가?

2016년 재심 신청은 무산되었다. 한울회 사건은 세상에 진실이 밝혀진 사건이다. 한울모임이 순수하고 아름다운 신앙공동체라는 것은 이제 세상이 다 아는 일이다. 그런데 사법부에서만 유독 유죄로 남겨두는 까닭은 무엇일까?

　세계가 인정하는 나라 대한민국, 이제 세계 각지의 사람들이 줄을 서서 오고 싶어 하는 나라가 아닌가. 이러한 대한민국에서 허무맹랑한 거짓, 정말 말도 안 되는 억울함이 존재한다는 것을 나는 도무지 납득할 수가 없다.

　힘들지만, 그때의 일을 기억하는 것이 정말 힘들지만, 내가, 우리 모두가 이야기를 꺼낸다면 이젠 세상이 들어줄 거라고 나는 믿는다. 어쩌면 누군가는 놀라서 소리치거나 자지러들지도 모르겠다. 지금 내가 그렇다. 이야기를 꺼내려고 하는데 시작하기도 전부터 먼저 울음이 나온다. 그때 나는 고등학교 3학년, 어떻게 견뎌냈을까? 아마 난 견뎌내지 못했던 것 같다. 그냥, 그냥 시간이 흘러갔던 것 같다.

　처음에는 경찰서에서 간단한 조사만 받고 풀려났다. 하지만 한밤중 잠을 자고 있던 나를 강제 연행한 후 벌어진 일들은……. 다시 숨이 막힌다. 사방이 벽이다. 사면의 벽이 움직이기 시작한다. 무섭다. 벽과 벽은 점점 더 다가온다. 사면의 벽은 조여오는 것을 멈추지 않는다. 벽과 벽 사이에 끼인 몸이 바스러질 것 같다. 어떻게 하지? 아, 정말 어떻게 하지?

　"너, 왜 거짓말 하냐?"
　"너, 평생 콩밥 먹고 싶냐?"

"너는 빨간 물이 들었어."
"너는 빨갱이 새끼야."
너는, 너는, …….
나는 그 '너', '너는'이라는 말에 숨이 막혔다.

수사관들은 다른 사람들이 다 진술했다는 말로 나를 위협했다. 내가 하는 말, 내가 쓰는 진술서는 다 거짓이라고 했다. 거짓은 자신들이 하고 있으면서, 그들은 나의 대답을 거짓이라고 했다. 내가 평생 콩밥을 먹어야 한다고 했다. 심한, 아주 심한 구타가 시작되었던 것 같다. 여러 명이 달려들어 발길질을 했던 것 같다. 그리고 눈앞에 수없이 날아다니는 반딧불을 보면서 몇 번인가 의식을 잃기도 했던 것 같다.

하지만 나는 견딜 수 있었다. 발길질도, 주먹질도, 욕설도 견딜 수 있었다. 내가 견딜 수 없었던 것은 그들이 불러주는 대로 받아쓰는 것이었다. 그들이 불러주는 것은 사실이 아니었기 때문에 받아쓸 수가 없었다.

잠을 재우지 않는 것보다 더 힘든 것은 그들이 만들어낸 말을 시인하는 것이었다. 나는 시인할 수 없었다. 선생님들은, 선배들은, 공산주의자가 아니었고, 우리들 중 누구도 빨간 물이 들지 않았기 때문이었다.

그런데 어느 순간 나는 그들이 불러주는 대로 쓰고 있었던 것 같다. 내 몸은 망가졌고, 정신 또한 어딘지 모를 지하 깊은 곳에 내동댕이쳐져 있었다. 나는 스스로 생각할 수도 없고, 스스로 일어설 수도 없었으며, 스스로 눈을 뜰 수도 없었다. 눈을 뜨라고 하면 뜨고, 눈을 감으라고 하면 감았다.

참혹한 시간이 한 달 가까이 지나가고, 어찌어찌 수소문 끝에 대전경찰서로 찾아온 부모님을 만났다. 그날, 나는 어머니를 안고 끝도 없이 울었다.

나의 부모님은 내가 얼마나 큰 죄를 지었는지 알 수가 없었고, 또 어디에 있는지도 알 수 없어서 아버지는 휘청휘청 대전에 있는 경찰서들을 모두 찾아다니셨다. 할머니는 날마다 경찰서 마당에 와서 대성통곡을 하셨다. 아마도 할머니의 대성통곡이, 아버지의 휘청거리는 걸음이, 반드시 돌아온다고 믿었던 어머니의 간절한 믿음이 그 암흑 속에서 나를 살려냈을 것이다.

어느 날 아침, 경찰서 2층 창밖이 보였고, 내가 다니던 학교의 학생들이 하얀 운동화를 신고 등교하는 모습이 보였다. 학생들의 발이 하얗게 보였다. 학생들이 신은 하얀 운동화가 아침햇살에 반짝반짝 빛났다.

'나는 다시 학교에 갈 수 있을까?'

나는 고개를 푹 숙인 채 오래도록 울었다.

나는 기소유예로 풀려났다. 가족들의 품에 안긴다는 것, 엄마가 차려준 밥상 앞에 앉아서 밥을 먹을 수 있다는 것, 잠들었을 때 오래도록 내 얼굴을 만져보다가 나가시는 아버지의 따뜻한 손길, 또 할머니의 전폭적인 사랑을 누리게 된 그 시간이 꿈만 같았다. 하지만 대학, 군대에서까지 경찰과 보안대의 감시를 받아야 했다. 두렵고 괴로웠다. 오래도록 불면의 밤을 보냈다.

때로는 선배님들이 원망스럽기도 했다. 잘못된 국가 폭력 때문이란 것을 알고 있었지만 그때 나는 너무 어린 나이였다. 인생의 중요한 시기에 감당하기 힘든 고통을 겪었다. 하지만 법정에서 증언하던 날, 나는 보았다. 선생님과 선배님들이 크게 낙담하던 모습을. 그 모습은 지금도 나를 따라다닌다. 그래서 나는 평생 죄인으로 살았고, 지금도 나는 여전히 죄인이다. 수사관들의 강요와 협박에 의한 거라고 나는 말할 수가 없다. 그런 변명을 하기엔 나의 선생님과 선배님들은 너무나 훌륭하고 좋은 분들이셨다.

가족들이 나더러 왜 그런 모임에 가서 그런 곤혹을 당했느냐고 야단을 쳤다면 마음이 조금은 편했을지도 모르겠다. 학교에서 선생님들이나 친구들이 나를 빨갱이라고 부르면서 멀리했다면 조금은 마음 가볍게 살았을지도 모르겠다. 하지만 가족들의 사랑은 극진했고, 담임선생님은 내 걱정을 많이 해 주셨고, 친구들도 나를 참 많이 위로해 주었다. 하지만 한울모임에 함께 했던 다른 학교 친구들 중에는 정학과 같은 중징계를 당하기도 하고, 매일 반성문을 쓰면서 시달리기도 하고, 친구들한테는 따돌림을 당하기도 하는 등 또 다른 곤혹스러운 일들 앞에서 죽고 싶은 마음이 들었다고 했다. 오랜 시간 트라우마로 남아 한울회 관련 이야기를 하는 것조차 두려워했다. 아니, 의도적으로 피했다. 국가 폭력의 잔인함과 두려움은 나와 친구들에게 지금도 진행형이다.

민주가 빼앗긴 봄은 어디에 있을까?

오민주

민주가 빼앗긴 봄은 어디에 있을까?

전쟁에서 나라는 살아남을 수 있다. 질병과 빈곤에서도 나라는 살아남을 수 있다. 그러나 정의가 없는 나라는 결국 살아남지 못한다.—파블로 빅토리아

12·3 계엄이 텔레비전 뉴스에서 쏟아지고 있을 때, 대통령이 직접 비장한 어조로 계엄을 선포하고 있을 때, 나는 공포를 느끼지 않았다. 대명천지 대한민국에서 말도 안 되는 계엄이 선포되고 있으니 어처구니가 없었고, 무슨 일인지는 모르지만, 해프닝으로 끝날 거라는 생각을 하면서 잠을 잤다. 하지만 잠들기 전 나도 모르게 중얼거렸던 것 같다.

"미치지 않고서야……."

나는 세상에 태어나 정말 아무 일도 겪지 않고 평온한 삶을 살아왔다. 그 어떤 일에 항거한 적도 없고, 시위 현장에 나선 적도 없을 뿐만 아니라 오로지 내 안위만 걱정하며 살았다. 오늘 내가 결제해야 하는 금액은 얼마이고, 또 오늘 나에게 얼마의 돈이 들어올 것이며, 오늘 부족한 금액을 어떻게 해결할 것인가 하는 지극히 평범하고도 일상적인 문제에만 갇혀서 지내고 있었다. 그런 나는 다리가 짧아서 깊은 우물 벽을 뛰어넘을 수 없는 작은 개구리나 매한가지였다. 내가 수천 번을 뛴다고 깊은 우물을 뛰어넘을 수 있단 말인가. 그건 불가능한 일이다. 누군가 긴 밧줄을 내려주고, 그 밧줄에 내 몸을 묶고, 우물 밖에서 누군가 잡아당겨 주어야 하는데, 누가 나를 위해서 그 일을 하겠는가. 나에게 그런 행운이 있을 리 없었다. 그렇다고 해도 나는 내 운명에 별로 불만을 표출하지 않고 근근이 살아가고 있던 터였다.

　생각대로 자고 일어나니 계엄은 해제가 되어 있었다. 그야말로 해프닝이었다. 그러나 결과는 전국을 요동치게 하였고, 대통령 재선거라는 결과가 나타났고, 이재명 후보가 당선되었다.

　그러나 나와는 다른 사람들이 있었을 것이다. 나와는 다르게, 계엄 선포를 보면서 심장이 오그라들었던 사람들이 있었을 것이다. 어디 심장뿐이겠는가. 사지가 떨리고, 충격으로 비틀거리고, 공포에 숨이 막혀 눈앞이 캄캄해졌던 사람들이 분명 있었을 것이다. 어쩌면 누군가는 이불을 뒤집어썼을지도 모른다. 또 누군가는 숨을 곳이 있어야 한다고, 이미 없애버린 벽장을 찾기 위해 사면의 벽을 더듬었는지도 모르겠다. 계엄이 선포되던 순간, 그리고 계엄이 해제되던 순간까지 몸을 웅크리고 있었을 사람들.

그들은 애써 잊고 있었다. 그 이야기를 입에 담지 않았다. 아직도 피가 철철 흐르는 상처가 가슴속 깊은 곳에서 아물지 않은 채 극심한 통증을 일으키지만, 그래도 가끔은 잊었다. 그래서 더러 웃기도 했었다. 그러나 12·3 계엄 이후로 상처들이 피를 흘리며 아우성친다. 도저히 더는 이대로 둘 수가 없다. 이젠 옷을 벗어야 한다. 상처를 고스란히 보여주어야 한다. 그러면 사람들이 아픈 것을 알까? 그러면 사람들이 같이 울어줄까. 이제는 치료하자고 나서는 의사가 있을까?

오민주, 지금 그녀의 나이는 예순둘이다. 시간이 많이 흘렀지만, 그녀는 열여덟 살 봄날을 잊을 수가 없다.

봄날 꽃 한 송이가 피어도 그녀의 몸에는 피가 흐른다. 흐르는 피를 꼭꼭 감추며 사는 동안 그녀에게서는 자주 피 냄새가 났을 것이다. 하지만 세상은 그녀의 몸에서 흐르고 있는 피를 알지 못한다.

삼십 대가 지나가도록, 민주는 경찰서 앞을 지나가려면 가슴이 두근거렸고, 다리가 떨렸다. 누군가 그녀의 목덜미를 낚아채는 것 같아 소스라치게 놀라곤 했다. 하지만 아무도 없었다. 저만큼 보이는 경찰이나 전경들은 평온한 얼굴로 담소를 나누거나 지나가는 사람들에게 씩씩한 목소리로 경례를 붙이고 있었다. 하지만 민주는 무서웠다. 순식간에 사나운 이리로 변해서 달려들 것만 같았다. 어쩌면 다시 잡힐지 모른다는 두려움으로 서둘러 경찰서 앞을 벗어나고는 했었다.

민주는 버스정류장에 서 있다. 문득 차를 끌고 나오지 않은 것이 후회가 된다. 방향을 알 수 없는 버스 여러 대가 민주 앞에 섰다가 떠난다. 얼마큼 시간이 지나갔을까, 학생들이 재잘거리며 다가온다. 학생들은 편의점에서 산 커다란 플라스틱 음료수 잔을 들고 환하게 웃고 있다. 민주는 학생들이 나누는 이야기에 귀를 기울인다.
"나는 오늘 학원에 가기 싫어."
"나도 과외 하러 가기 싫어."
"정말, 공부 싫다."
"오늘 학원 빼고 노래방 갈까?"
"진짜?"
아이들은 눈을 맞추더니 우르르 어디론가 사라진다. 아마 근처에 노래방이 있는가보다. 지금이라면 민주도 노래방으로 달려갔을까?

아, 그때도 노래방이 있었나. 하지만 민주의 학창 시절은 공부하는 것 말고도 지적인 호기심이 강했다. 그런 민주를 이끌어준 교사가 있었다. 그의 이름은 홍성환이었고, 영어를 가르쳤다. 어느 날 홍성환 선생님이 말했다.

"책을 많이 읽고 싶은 사람은 광산김씨 종친회 사무실로 오세요."

민주는 학교 공부에 최선을 다하는 학생이었다. 성적도 좋았다. 하지만 민주는 조금 더 다른 공부를 하고 싶었다. 마침 친구가 가자고 말했다.

민주가 친구와 함께 간 곳, 그곳에서 〈우주보다 귀한 생애〉라는 강의를 들었다. 학교에서는 들을 수 없는 강의였다. 강의를 하신 분은 고등학교 물리 선생님이었다. 우주의 크기가 얼마나 큰지를 천체물리학 이론으로 강의했다. 강의를 들으면서 민주의 가슴이 벌렁벌렁 뛰었다. 선생님은 우주에 대한 강의에 뒤이어 그런 큰 우주에 비해 인간이 얼마나 작은 존재인지를 설명했다. 그리고 우주와 비교하면 티끌도 안 되는 인간을 사랑하시는 하나님에 대한 이야기로 강의를 마무리했는데, 그날 민주는 밥을 먹지 않아도 배가 불렀다.

민주는 더 열심히 공부했고, 주말마다 학교 밖 강의를 들었다. 훗날 '한울모임'이라고 이름 지어진 학교 밖 강의는 교양강좌를 여는데 의기투합한 몇몇 학교의 선생님들이 학생들을 위해서 마련한 강좌였다. 민주의 꿈은 학교 밖 강의를 들으면서 알차게 여물어가기 시작했다. 더구나 모임에서 만난 대학생들과 함께 진행했던 독서토론에서 읽은 책들은 민주의 정신세계를 무럭무럭 자라게 했다.

민주는 그때 읽은 책들의 제목이 지금도 눈에 선하다. 《꽃들에게 희망을》, 《갈매기 조나단》 같은 책들을 읽고 나서 대학생들과 쟁쟁하게 벌였던 독서토론의 열띤 감정들도 고스란히 기억하고 있다. 읽는 책들의 범위와 분야가 점점 넓어져 갔다. 《간디 자서전》, 《소유냐 삶이냐》, 《사랑의 기술》, 《서머힐》, 《예언자》, 《뜻으로 본 한국역사》 등 한울모임이 아니었다면, 한울모임에서 만난 대학생들과 선생님들이 아니었다면 쉽게 읽을 수 없는 책들이었다.

한울모임에 열심히 참석하면서 민주는 삶과 미래에 대해 더 성숙하고 더 진지해졌다. 명문대학에 가고 다른 사람보다 성공해야 한다는 생각이 물러나기 시작했다. 민주는 물질만능의 사회가 만들어 놓은 덫을 과감하게 헤쳐 나가는 용기를 갖게 되었다. 그것은 그리 어려운 일이 아니었다. 한울모임에 참석하기만 하면 자연스럽게 체득되었다. 삶에 대한 진지한 고민이 시작되었고, 무엇보다 한울모임에 참석하는 사람들이 나이나 지위에 상관없이 서로 경청하고 존중하면서 토론하는 동안 정신적 성장이 이루어졌다. 세상을 바라보는 시각의 변화를 체감하는 것은 놀라운 경험이었다.

어린 학생이었지만 민주는 삶과 신앙에 대해 공부를 하면서 어떻게 사는 것이 진실한 삶일까를 진지하게 생각했다. 또 함께 살아가면서 만들어 갈 아름다운 세상에 대한 탐구의 끈도 놓치지 않았다.

민주는 지금도 기억한다. 공동체에 관해 많은 이야기를 나누었던 순간들, 성경의 초대교회처럼 현실에서 공동체를 이루고 나누는 삶을 살기 위해서 어떻게 해야 할까 고민했던 순간들을.

민주는 아직도 꿈을 꾼다. 서로가 인격적으로 만날 수 있는 작은 규모의 공동체를 만들고 싶다고. 하지만 무섭다. 어쩌면 이 작은 꿈을 권력이 또 어떻게 변질시킬지.

어쩌면 민주는 아직도 조작이 가능한 세상에 살고 있는지 모른다.

자신도 모르게 어깨가 움츠러든다.

지금은 밝은 세상일까?

지금은 꿈을 꾸는 대로 살 수 있는 세상일까?

민주는 다시 생각한다.

'어떻게 사는 것이 올바르게 잘 사는 것일까?'

한때는 농부로 사는 것이 가장 도덕적으로 살 수 있을 것 같아 농부가 되고 싶기도 했다. 판사가 되고 싶었던 중학교 시절, 물리학자가 되고 싶었던 고등학교 시절, 하지만 민주는 한울모임을 만나면서 무엇이 되기보다는 올바르게 사는 것을 꿈꾸었다. 하지만 한울모임이 민주에게 무거운 삶의 질문들만 준 것은 아니다. 민주는 한울모임이 아니면 도저히 경험할 수 없는 많은 추억들을 선물로 받았다. 민주는 시간이 흘러가는 무서움 속에서도 그 추억들을 꺼내 들고 버텼다. 풀무원 공동체를 방문해서 원경선 선생님의 이야기를 들었던 일, 학하리로 캠프를 갔던 날 별이 쏟아지던 밤하늘을 지금도 잊을 수가 없다. 어디 그뿐인가. 양촌리에 가서 물놀이했던 추억도 종종 슬픔에 잠겨있는 민주를 건져 올려 주었다.

민주는 꿈을 꾸듯 수련회를 기억에서 꺼내본다.
수련회가 열리면 서울과 대전의 학생들이 모였다. 여러 학교의 학생들이 참석했지만, 누구도 불만을 이야기하는 사람이 없었다. 아무도 어떻게 하라고 지시하지 않았다. 잔소리하는 사람도 없었다. 서로가 무거운 짐을 들려고 했고, 서로가 도우려고 애썼다. 음식 준비나 설거지 같은 것도 열심히 했다. 서로가 조금 더 어려운 일을 하려고 애를 썼다. 물론 청소하는 일에도 열심을 냈다. 서로가 서로에게 모범을 보이는 공동체, 아름다운 풍경이 거기에 있었다. 강의가 어려워도 학생들은 진지함을 잃지 않았다.
대성산의 캠프파이어도 잊을 수가 없다.
모두가 어둠의 정적 속에 고요히 있던 순간이었다. 아무도 말하지 않았고, 모두가 조용히 침묵을 지키고 있었다. 밤하늘을 올려다보고 있을 때 칠흑 같은 어둠이 내렸지만, 별들은 더욱더 반짝였다. 가끔 풀벌레가 울거나 새들이 깍꾹깍꾹 소리를 냈다. 그 소리마저 사방을 더 고요하게 만들고 있던 순간, 상공으로 솟아오르던 횃불 하나가 아름답게 포물선을 긋더니 캠프파이어 장작에 떨어지면서 환하게 불을 지폈다. 그 순간 황홀하게 일렁이는 불빛에 친구들과 선생님들의 얼굴이 선명하게 보였다. 선배들은 그런 극적인 아름다움을, 절절한 감동을 모두에게, 특별히 어린 학생들에게 선사하였다.

아름다웠던 날들을 돌이켜보니 고등학생이었던 우리들은 정말 몰랐다. 선배들이라고 해야 돈 없는 대학생들이었고, 그저 교직에 계신 두 분 선생님들이 전부였다. 그런데 수련회를 할 때마다 어떻게 장소를 준비하고, 어떻게 먹을 것을 준비하고, 어떻게 잠자리를 마련했을까? 할 수만 있다면 그때 수고하셨던 선배들과 선생님들을 다 불러서 맛있는 밥 한 끼 해드리고 싶다.

하지만 안타깝게도 불꽃같고 꽃같이 아름다웠던 민주의 고등학교 시절은 성급하게 막을 내렸다.

그게 그렇게 큰 잘못이었을까…….

이규호 선생님. 그때는 대학교 졸업을 앞둔 선배였다. 이규호 선생님은 가장 많은 정성과 시간을 학생들에게 쏟아 붓던 분이었다. 그의 절절한 섬김에 감동하지 않은 학생은 한 명도 없었다. 우리는 모두 이규호 선배의 사랑을 받았고, 또 선배를 존경하고 따랐다.

당시 대학교 4학년이었던 이규호 선배, 대학교 4학년으로 쓴 졸업논문에 나오는 공동체 이야기들을 우리들에게 들려주었다. 이스라엘의 키부츠와 모샤브에 대한 이야기, 또 마르크스의 공동체론도 있었다. 마르크스의 공동체론을 소개할 때는 공산주의 국가가 인간의 소유욕을 제대로 이해하지 못해 졸렬한 공동체로 전락했다고 말했다. 그래서 민주는 더더욱 공산주의가 나쁜 거라는 생각을 했었다.

그때의 민주는 반공교육을 철저하게 받고 자랐다. 그래서 마르크스라는 말만 들어도 가슴이 서늘해졌던 민주다. 그런데 그저 잠깐의 소개에 불과했던 마르크스의 공동체론이 국가에 의해 바뀌었다. 분명 이규호 선배의 논문에서는 소개에 불과했던 마르크스의 공동체론이 선배들과 선생님들을 빨갱이 공산주의자로 둔갑시켰다. 국가는 이규호 선배의 대학 졸업 논문인 현대의 공동체론의 내용을 왜곡하고 조작했다. 자본주의 사회가 구조적 모순으로 인해 한계점에 도달했기 때문에 사회를 개혁해 공산주의 사회를 건설해야 한다고 논문이 주장했다는 것이다. 그렇게 한울모임은 반국가단체가 되었다.

경찰이 민주에게 말했다.
"네가 주말마다 만났던 어른들은 모두 빨갱이 공산당이야."
민주는 놀라서 벌어진 입이 다물어지지 않았다.
"너도 빨갱이 물이 들었어."
빨갱이 물이 들었다는 말은 '너도 빨갱이 공산당이야.'라는 말로 들렸다. 민주의 몸이 오그라들었다.
"아니에요. 제가 한울모임에서 만난 분들은 그런 분들이 아니에요. 모두 다 좋은 어른들이에요."

순간 형사가 책상을 내리쳤다.

"넌 빨갱이 년이야."

빨갱이 년이라는 말에 민주는 겁에 질려 벌벌 떨었다. 하지만 민주는 사실대로 말했다. 거짓을 말할 수는 없었다. 하지만 민주가 견뎌내기에는 국가의 언어폭력은 너무 가혹했다. 도저히 견뎌낼 수 없는 폭력이었다. 민주는 우선 경찰서에서 나가야만 한다고 생각했다. 얼른 집으로 가야 한다는 생각을 하면서 형사가 시키는 대로 거짓 진술서를 썼다. 민주는 생각했다.

'법정에 가서 사실이 아니라고 말할 거야. 협박 때문에 거짓 진술을 했다고 소리칠 거야. 형사가 시키는 대로 쓴 거라고 말할 거야.'

그렇게 민주는 풀려났다. 집으로 돌아오고 나서도 계속 몸을 떨며 악몽에 시달렸다. 하지만 민주는 꿋꿋했다. 정신을 가다듬고 또 가다듬었다. 그래야만 법정에 서서 선생님들과 선배들을 위해서 진실을 말할 수 있다고 생각했다. 민주는 그 어느 때보다 열심히 밥을 먹고 건강을 챙겼다.

드디어 법정에 서서 진술을 하게 되었을 때, 민주는 결의에 차서 말했다.

"제가 경찰에서 진술한 것은 모두 허위입니다."

순간 방청석에서 박수가 터져 나왔다.

"제가 경찰에서 진술한 것은 모두 경찰관들이 협박해서, 그렇게 쓰지 않으면 집에 보내주지 않겠다고 말해서, 나도 빨갱이라고 해서 할 수 없이 그렇게 쓸 수밖에 없었습니다. 한울모임의 선생님들과 선배들 중에 공산당은 없습니다. 또 그런 말을 들어 본 적도 없습니다. 이규호 선배는 마르크스 공산주의가 인간의 이기적인 욕구를 이해하지 못한 졸렬한 공동체론이라고 했습니다. 이규호 선배가 마르크스 공산주의를 찬양하는 것을 들어본 적이 없습니다. 선생님들은 공부와 독서의 중요성을 알려 주었고, 우리 학생들을 아껴주는 분들입니다. 우리들에게 많은 것들을 가르쳐 준 분들입니다. 저는 그분들을 존경하고 사랑합니다."

민주는 다시 끌려갔다. 학교로 찾아온 경찰관들에게 학교는 아무런 말도 없이 민주를 내주고 말았다. 민주의 진술을 받기 위해 배정된 경찰관은 집요하고 악했다. 거짓말을 하라고 수없이 강요했다. 민주의 몸이 오그라들기 시작했다. 경찰은 민주를 세뇌시키기 위해서 똑같은 말을 민주의 귀에 대고 반복해서 말했다.

"너의 조직은 빨갱이야. 빨갱이 공산당이야. 너희들은 국가를 전복시키려고 했어."

민주가 반복된 말에서 놓여난 시간은 화장실에 갈 때뿐이었다. 민주는 자꾸 머리가 바닥에 떨어지는 것 같았다. 머리카락이 한 올 한 올 다 뽑혀 나가는 것 같았다. 온몸의 피가 몽땅 다 빠져나가는 느낌이 들었다. 비참했다. 민주는 울며 소리쳤다.

"아니에요. 아니에요. 공산당이 아니에요."

형사는 거칠게 말했다.

"이거 완전 악질이군."

순간 민주는 형사를 물어뜯고 싶었다.

'아, 내가 사나운 사자라면…….'

민주의 눈에는 아무 것도 보이지 않았다. 두 손에 남아 있던 힘마저 깡그리 빠져나가고 없었다. 민주는 허깨비가 되고 말았다.

민주가 다시 증인으로 법정에 섰을 때, 재판은 비공개로 진행되었다. 그때 검사가 민주에게 무슨 말을 했는지 기억나지 않았다. 민주는 검사가 하는 말에 다 '네'라고 대답한 것 같았다.

비록 강압에 의한 거짓 진술이었다고 해도, 그날 민주의 정신이 온전하지 않았다고 해도, 민주는 부도덕한 권력이 조작한 사건으로 존경했던 선생님과 선배들이 극심한 고문을 당하고 교도소에 수감될 때 민주의 거짓 진술이 일조했다는 죄책감과 '왜 버티지 못했을까?' 하는 자책감을 떨쳐내기 어려웠다.

학교로 돌아온 민주는 무기정학을 받았고, 날마다 반성문을 써서 학교에 보내야 했고, 스스로 친구들과도 멀어져 갔다. 민주에게서 봄날이 사라졌다.

아름답던 봄날을 민주에게서 뺏어간 사람들은 지금 어디에서 무엇을 하고 있을까? 그때 그 형사들은 아직 생존해 있을까? 그 일로 인해 상을 받고 진급을 하면서 그 형사들은 행복했을까?

그 후 민주는 하늘을 잘 올려다보지 못했다. 하늘을 볼라치면 자꾸만 소리가 들려왔다.

"너의 거짓 진술 때문에 감옥에 갔어."

바다가 운다면 민주의 울음과 같을까? 민주는 겨울 매서운 바람에 흔들리는 작은 나무들 같았다.

민주는 그 사건 이후에 한동안 짓이겨지는 꿈을 꾸었다. 그래도 민주는 살아났다. 대학을 졸업했고, 결혼을 했고, 교사가 되었고, 학생들을 가르쳤다. 민주는 가슴속으로 불어오던 서늘한 바람을 달래면서 자주 울었다. 말할 수가 없어서 자꾸만, 자꾸만 울었다.

봄날 무참하게 깨져버린 민주의 꿈. 민주는 다시 꿈을 꿀 수 없을까? 민주는 찬란했던 봄날을 다시 찾을 수 없을까?

흰머리가 생기고, 빨리 달리지 못하는 나이가 되었지만 그래도 민주는 꿈을 꾸고 싶다. 찬란했던 봄날을 찾고 싶다.

민주는 용서를 빌고 싶다. 그때 귀에 대고 계속 똑같은 말을 되풀이하는 경찰 때문에 몸이 녹아버리는 고통 속에 있었다고 해도 거짓 증언을 해서는 안 되는 거였다고.

그 아름다웠던 시절, 민주가 배운 것은 정직이었다. 한울모임에서 민주가 얻은 교훈은 참삶이었다. 그런데 무너졌다. 무너진 민주는 무너진 민주에게 참말 미안하다.

민주는 말하고 싶다.

"그때 나는 청란여고 3학년이었고, 지금까지 진실과 직면하지 못했습니다."

민주의 거짓 진술로 인해 감옥에서 아름다운 청춘을 보내고 고문으로 몸이 상한 선배님들, 끝내 병을 얻어 돌아가신 이규호 선배님, 지금도 자주 악몽에 시달리고 계신 김종생 목사님에게 허리 숙여 인사하고 싶다.

"잘못했습니다. 죄송합니다. 용서해 주세요."

민주는 국가에게 묻고 싶다.

"국가는 언제 나에게 잘못했다고 말할 겁니까?"

"국가는 언제 미안하다고 말할 겁니까?"

"국가는 언제 용서해 달라고 말할 겁니까?"

그리고…….

"국가는 언제 지금까지 견뎌주고 살아줘서 고맙다는 말을 할 겁니까?"

민주라는 이름을 가진 고등학생은 지적 호기심이 아주 많은 여학생이었다.

민주라는 아이는 함께 잘 사는 공동체를 가슴에 품었던 심성 고운 여학생이었다.

민주라는 아이는 대한민국의 보배로운 여학생이었다.

이제 국가는 말해야 한다.

"잘못했습니다."라고.

국가는 민주를 끌어안고 말해야 한다.

"지금까지 살아줘서 고맙습니다."라고.

*

민주는 길을 나선다. 누구라도 만나고 싶다. 이젠 모두 반백이 되어버린 사람들이지만, 그때 만났던 누군가를 보게 된다면 민주는 머리 숙여 잘못했다고 말하고 싶다.

그런데 민주는 잘못한 것이 없다. 누가 민주에게 잘못했다고 말할 수 있을까. 그래도 민주는 잘못했다는 말을 하기 위해서 길을 나선다. 누구를 만날 수 있을지 민주는 모른다. 그래서 무작정 걷기 시작한다.

민주가 만난 사람, 김종생 목사이다.

2년 6개월의 옥고를 치른 김종생 목사. 민주가 머리를 숙이자 김종생 목사가 말한다.

"그건 민주의 잘못이 아니야. 민주 네가 아니더라도 우린 감옥에 갔을 거야. 어쩌면 우리는 더 오래 감옥에 있었을지도 몰라."

민주가 묻는다.

"목사님, 그때 국가는 우리들에게 왜 그런 일을 저질렀을까요?"

김종생 목사는 가만히 민주를 쳐다본다. 그리고 천천히 말한다.

"폭력으로 정권을 잡은 까닭이지. 정당성을 인정받지 못한 정권. 스스로도 정당하다고 생각할 수 없으니 매우 위협적이었지. 아주 작은 꼬투리만 보여도 우리 같은 연약한 존재들까지 잡아다가 감옥에 가두고 고문하고. 단순히 예배하는 공동체 모임조차 감옥에 넣는 일이 필요했던 거지. 정말 많은 사람들이 잡혀갔어. 국가의 폭력 앞에서 개인의 삶이 산산이 부서졌어. 하지만 인간은 말할 수 없이 고귀하고, 그 생명력이 끈질겨서 폭력에 짓밟혀도 이기고 살아나지. 나도 그랬어. 그때 국가가 나에게 물었어. 라디오 채널을 돌리다가 북한방송이 나온 적이 있느냐고. 그래서 라디오 채널을 돌리다가 그런 경험이 있었다고 말했어. 그랬더니 바로 그거라면서 북한방송에서 들은 것을 종이에 적어보라는 거야. 그런데 무얼 들었는지 하나도 생각이 나지 않았어. 그래서 생각이 나지 않는다고 했더니 심하게 때렸어. 협박하고, 고문했어. 순간 언뜻 생각나는 것이 김일성 수령이라는 말이었어. 그래서 김일성 수령이라고 썼지. 그랬더니 그게 바로 내가 공산주의자라는 증거라고 했어. 빨갱이가 되어서 국가를 전복하려고 했다는 거야. 어린 학생들을 불러다 세뇌 교육을 시켰다는 거야. 그렇지 않다고 아무리 말해도 소용이 없었어. 지치고, 무력감에 빠지고, 몸은 말할 수 없이 아프고, 정말 죽고 싶었어. 죽어야겠다는 생각만 들었어. 화장실에 가면 벽에 머리를 마구 박았어. 그런데 머리가 깨져도 죽는 일은 일어나지 않았어. 화장실 물 내리는 끈으로 목을 감기도 했어. 그런데 자살 시도는 실패했어. 사는 것이 치욕스러운 시간이었어. 하지만 이만큼 지나고 보니 하나님이 그때 나를 지키시고, 살리셨어. 민주야, 결코 너의 잘못이 아니란다. 너는 국가 폭력의 피해자야."

김종생 목사의 이야기를 가만히 듣고 있던 민주의 눈에 이슬이 맺힌다.

"목사님, 그래도 죄송한걸요. 만약 다시 그런 일이 생긴다면 끝까지 버틸 거예요. 폭력으로 잡은 부도덕한 정권이 조작하는 사건에 거짓 진술로 일조하는 일은 절대로 하지 않을 거예요."

김종생 목사의 눈가가 축축해진다. 민주는 김종생 목사의 마음 깊은 곳에 어려 있는 눈물을 본다. 순간 눈물이 주르르 쏟아진다. 그런 민주를 보고 김종생 목사는 마음이 더 아프다.

"민주야, 사람들은 지금도 기억하고 있을 거야. 증인으로 나왔던 네가 담대하게 소리치던 모습을. 그때 네가 우리 선생님들은 공산당이 아니라고, 빨갱이가 아니라고 소리쳤다는 이야기를 전해 들었을 때, 정말 가슴이 뭉클했어. 진술서는 강요에 의해 쓴 거짓 진술이라고, 경찰들이 시키는 대로 썼노라고 소리쳤다는 이야기를 전해 들었을 때, 그때 너의 음성은 마치 하늘에서 들려오는 소리 같았을 거야. 나는 군인 신분이어서 같은 재판정에 서지는 않았지만, 그날 너의 모습을 나는 충분히 상상할 수 있어. 당당했을 너의 음성, 결기에 차서 빛나던 너의 얼굴은 거룩했을 거야. 민주야, 그것만으로도 충분하단다. 그것만으로도 너는 훌륭해. 그다음 번복된 진술은 결코 네가 아니야. 그때 너는 거기에 없었어. 폭력에 정신을 깡그리 빼앗긴 너 아닌 너가 있었을 뿐이야. 그날의 너를 생각하면 네가 너무 가여워서 우리는 지금도 울게 된단다. 민주야, 너에게 못한 말을 이제 해도 되겠니?"

이제 예순이 넘은 민주가 열여덟 소녀의 얼굴로 김종생 목사를 쳐다본다.

"고맙다. 민주야, 고맙다. 이렇게 살아줘서, 이렇게 견디고 살아줘서 고맙다."

민주가 주르르 흘러내리는 눈물을 감추지 못하고 말한다.

"목사님, 소리 내서 울어도 되나요?"

김종생 목사가 말없이 고개를 끄덕였고, 민주는 아이처럼 엉엉 소리 내어 울기 시작한다. 지나가던 바람도 같이 웅웅 소리 내어 울고, 서산으로 넘어가던 태양도 멈춰 서서 붉은 눈물을 하늘에 하염없이 뿌린다. 민주의 울음 속으로 찾아온 노을은 울고 있는 민주를 오래도록 껴안는다.

한참 동안 울고 난 민주가 말한다.
"목사님, 목사님을 만난 건, 그때 한울모임에서 선생님을 만나고, 선배님들을 만난 건 제 인생에서 가장 큰 복이었어요."
"나도 그렇단다. 한울모임은 지금의 나를 만들어 준 빛나는 시간이었어. 진리가 가져다주는 자유를 경험한 곳도 한울모임이었고, 내 인생에서 삶의 가치와 방향을 잡을 수 있었던 곳도 한울모임이야. 누구 한 사람 기득권을 주장하지 않았고, 상대방을 배려하되 배제되는 사람이 없던 모임이었어. 모두가 약한 사람을 더 신경 써가며 섬겼지. 마치 천국의 모형 같았어. 명문대학교에 다니는 사람들도 있었지만, 누구도 그걸 자랑하지 않았어. 우리는 부나 명예나 학력이나 업적 같은 것들을 다른 사람과 비교하지 않았어. 자신을 인정하지 못하거나 자신을 괴롭혀서는 안 된다는 것을 배웠고, 깨달았어. 있는 그대로의 나를 아무 조건 없이 사랑하시는 하나님의 은혜를 알게 된 곳도 한울모임이었어. 나를 사랑하시는 하나님이 나를 60억 개의 별들 가운데 가장 특별한 별로 여겨주신다는 말에 나는 나만의 특별함을 갖게 되었어. 지금도 나는 특별한 사람으로 살고 있어. 민주야, 한울은 그런 곳이었어. 민주야, 너는 특별한 사람이야."
"목사님, 만약 그때 국가가 우리에게 폭력을 휘두르지 않았다면 어떻게 되었을까요?"

"국가가 우리들에게 저지른 폭력, 또 감옥에 갇혀 있는 동안 겪은 아픔과 상처, 그런 모든 것들은 결코 쉽게 견딜 수 있었던 것들이 아니었어. 또 우리는 긴 세월 동안 너무나 고통스럽고 아프게 살 수밖에 없었어. 그런데도 이 시대 아픈 이웃들의 치유자로 살게 하신 하나님의 은혜가 우리들에게 왔지."

"목사님, 한울모임을 계속할 수 있었다면, 우리는 어떻게 되었을까요?"

"……."

김종생 목사는 말이 없다. 대신 그의 얼굴에 미소가 어린다.

잠시 하늘을 올려다보던 김종생 목사가 나지막한 소리로 말한다.

"늘 기쁜 마음으로, 가슴 설레면서 달려갔던 한울모임이었어. 만약, 만약에 한울모임에 국가가 폭력을 휘두르지 않았더라면, 한울모임은 지금까지 이어져서 해마다 중학생들과 고등학생들이 새로 들어오고, 그들이 자라서 어른이 되고, 이 세상이 아주 많이 따뜻해져 있을 거야. 미디어가 점령한 세상이 아니라, 좋은 생각들이 여기저기에서 꽃을 피우고 있을 거야. 학생들은 생기 있고 발랄한 모습일 거야. 가치관이 아름답게 세워져 있는 세상 속에 우리들이 있을 테니 얼마나 아름다울까."

김종생 목사의 말에 어떤 힘이 있었을까? 민주가 가만히 중얼거린다.

"목사님, 다시 한울모임이 만들어지면 좋겠어요. 저는 중학생이었을 때 처음 한울모임에 갔어요. 여기저기 꽃이 피듯 한울모임이 만들어진다면 우리의 아이들이, 우리의 청년들이 살아날 거예요. 틀림없이……."

김종생 목사를 만나고 집으로 돌아가는 민주는 또 운다. 그렇게나 크게, 오래, 펑펑 쏟으며 울고 나서도 아직 눈물이 남아 있다니…….

민주는 지난 40여 년 동안 입을 다물고 울지 않았다. 그런데 지금 민주는 자꾸만, 자꾸만 울고 있다.

1967년경 장로회신학대학원 신학대학원재학중에 남산 부근 그 어느 교회에서 설교하는 홍응표 선생님

기도

홍은표

기도

　구십 나이에 어린 시절을 돌이켜 보는 것이 무슨 의미가 있을까요? 사실 어린 시절이 잘 생각나지도 않아요. 그래도 가끔 생각나는 것은 자금이 부족하다고 여기저기 돈을 구하러 다니셨던 아버지의 모습이에요.
　부친은 해방 후 대구 지역 최초·최대의 섬유·방직회사를 운영하셨어요. 8남매 중 큰 누님을 제외하고 전부 대학을 졸업할 정도로 경제적인 여유가 있었어요. 하지만 사업장과 식구들이 사는 집이 같은 공간에 있어서 나는 아버지의 사업에 대해 부정적인 생각을 갖게 되었어요.
　초등학교에 다닐 때, 심심해서 집 근처에 있던 칠성교회에 가 보았다가 계속해서 교회에 다니게 되었어요. 유년 시절 교회학교에서는 재미난 일들이 많이 있었던 것 같아요. 집에서도 듣지 못했고, 학교에서도 듣지 못했던 예수님 이야기에 푹 빠져 있었지요. 하지만 초등학교 시절, 해방을 맞이하고, 얼마 있다가 전쟁이 일어나고, 무수한 일들을 겪으면서 나의 기억들은 조각이 나서 사라져 버린 것 같아요. 어쩌면 6·25 폭격에 나의 어린 시절이 날아가 버렸는지도 모르겠어요. 그래도 중학교 다닐 때, 3년간 천막에서 수업이 진행되었던 일은 생각나요. 피난민들이 대구에 많이 와 있었고, 피난 중이던 양주동 선생님이 가르치는 영어 교습반에서 영어를 배우던 생각이 나요. 당시 양주동 선생님은 시사 주간지인 《타임》을 가지고 영어를 가르쳤어요. 중학생에게는 어려운 수준이었지만 나는 열심히 공부했고, 그 후에 영어에 대한 자신감이 생겼어요. 나도 양동주 선생님처럼 오래도록 《타임》을 정기 구독했지요.

나는 학생으로서는 좀 과할 정도로 교회 활동을 열심히 했어요. 부흥회에도 열심히 참여했고, 밤샘 기도도 자주 했지요. 중고등부 시절의 내게 교회는 아주 중요한 자리에 있었던 거예요.

고등학교 3학년이 되면서 《사상계》와 노평구 선생이 주필로 있던 《성서연구》를 구독하면서 함석헌, 김교신, 유영모, 우치무라 간조의 저서들을 읽기 시작했어요. 그즈음에 일본책이나 영어책을 원서로 읽기 시작했는데, 이때부터 제도적 구속으로부터 자유롭게 믿고 전도하는 독립 신앙에 관심을 두게 되었어요. 고등학생이던 나에게 가장 큰 영향을 준 이들은 유영모, 함석헌, 우치무라 간조와 무교회주의였어요.

나는 이광수의 소설 《흙》에 몹시 매료되었어요. 그래서 경북대학교 농과대학에 입학하였지요. 하지만 공부보다는 자유롭게 독서하는 것을 좋아했어요. 군 복무를 마친 후에는 계명대학교 철학과 2학년에 편입했지요.

3학년이 되었을 때, '믿음의 방패 선교회(Shield of Faith Misson)' 소속 미국인 선교사 딕 요크(Dick York, 덕인영)를 만나면서 새로운 길로 들어서게 되었어요. 딕 선교사는 미국 동부에서 서부까지 장거리 화물을 운반하는 트럭 운전사였는데, 어느 날 복음을 깨닫고 자원하여 한국에 왔다고 해요. 그는 체계 없이 나름대로 성경을 가르쳤어요. 그 당시 대구에서 청년들을 모아 선교학교라는 이름으로 성경을 가르치고 노방전도를 하였는데, 나는 그 일에 몹시 열정을 기울였어요. 그 당시에는 다른 책은 읽지 않았어요. 계속해서 성경만 읽었더니 무엇인가 남들이 모르는 비밀을 안 것 같다는 생각이 들었어요. 그런데 나는 질문이 많았어요. 고분고분 따르지도 않고, 문제도 제기하니까 1년 만에 쫓아내더군요. 그래서 다시 계명대에 복학했어요.

1963년 계명대에 복학한 후에는 독일어를 열심히 공부하기 시작했고, 철학 서적들을 읽기 시작하였는데, 특별히 실존주의 책들을 많이 읽었어요. 물론 청년들이 함께하는 성경 공부 모임에도 열심히 참석했지요. 그곳에서 나의 아내 김덕우를 만났고, 후배 김진홍 목사와 교분이 시작되었어요.

1957년 경북대에 입학하고 나서 1964년 2월, 그러니까 7년 만에 계명대학교를 졸업했어요. 이것은 내가 대학 재학 중에 얼마나 많은 방황을 했는가를 보여주는 거지요. 사실 돌이켜보면 한심했던 일이에요. 지금도 혹 나 같은 후배가 있으면 어쩌나 걱정하게 되지요.

계명대를 졸업하자마자 결혼식을 올렸어요. 하지만 나는 살림을 일구는 일에 신경을 쓰지 못했어요. 체계적인 신학 공부를 하고 싶어서 서울에 가서 신학대학원에 들어갔지요. 그런데 안타까운 일이지만 신학대학원에서도 공부에 집중하지 못했어요. 대구에서 관계가 있었던 네비게이토 선교회 일에 열중하였는데, 그때 다짐했어요,

"난 대학 선교한다."

나는 다짐대로 나의 길을 걸어갔지요. 조금도 망설이지 않고 대학 캠퍼스에서 네비게이토 선교회 전업 사역자로서 활동을 시작했어요. 서울대학교 공릉동 캠퍼스에 교양과정부가 설치되었고, 나의 선교는 공릉동 캠퍼스에 집중되었어요. 이곳에서 훗날 한울모임의 박재순 형제를 만났지요.

나와 만나던 학생들이 교양과정을 마치고 전공에 따라 각 단과대학으로 배정될 즈음 나도 선교 활동지를 서울대학교 사범대학으로

옮겼어요. 그곳에서 훗날 한울모임의 홍성환 형제를 만났어요. 홍성환 형제는 네비게이토 사역에 적극 참여했고, 대학을 졸업한 후 대전에서 교사로 있을 때 사역에도 참여했지요.

대전으로 선교지를 옮긴 나는 주로 충남대학교 캠퍼스에서 선교 활동을 했어요. 그곳에서 만난 대학생들 중에 이충근 형제는 훗날 한울모임에 끝까지 남아 있다가 곤욕을 치렀죠.

대전 네비게이토 선교회에서는 1년 만에 탈퇴하게 되었어요. 네비게이토 선교회 대표와 의견 충돌이 심했지요. 네비게이토 선교회 대표는 심한 말을 하였어요.

"왜 자꾸 엉뚱한 소리를 합니까? 복잡한 이야기는 하지 마세요. 단순하게 복음만 전하면 됩니다. 철학이니 신학이니 하는 소리는 하지 마세요."

네비게이토 선교회를 그만둔 후에는 우리 집을 개방하였어요. 학생들은 누구든지, 언제나 올 수가 있었어요. 나는 회원들과 공부를 계속했고, 교제를 나누었어요. 네비게이토 형식을 벗어나니 마음껏 무교회주의 책들을 소개할 수 있었고, 다양한 집회도 소개할 수 있었어요. 나는 학생들에게 김교신 전집이나 우치무라 간조의 책도 권했어요. 성경만 읽지 말고 고전을 깊이 있게 읽도록 권유했고, 전공도 열심히 공부하라고 권했어요. 또 시사 문제에도 관심을 두도록 하였지요.

재정적인 토대가 없는 것은 문제가 되었어요. 여의도나 반포에 가서 성경 세미나 등을 하고 약간의 재정 지원을 받기도 하였지만, 지속적인 것은 아니어서 가정적으로 매우 힘들었어요. 결국 4년 만에 일거리를 찾아서 서울로 가야만 했지요.

서울로 이사를 한 후에는 직장, 아이들, 가정 문제로 심경이 복잡했어요. 지금도 딸아이가 했던 질문은 가슴이 아파요.

"내 마음에 아버지라는 이미지로 뭐가 남아 있을 것 같아요?"

딸의 질문은 오래도록 내 마음을 무겁게 만들었어요.

돌이켜보니 학생들에게는 좋은 선생으로 남아 있을지 몰라도 내 아이들과 놀아준 기억이 없어요. 나에게는 가정도, 아이들도 항상 첫째가 아니었거든요. 이것은 아내에게 엄청난 스트레스였을 거예요. 신혼 시절에는 아내와 성격도 잘 맞았고, 아내는 동지로서 선교 활동도 적극적으로 지지해 주었어요. 나는 아내를 평생의 반려자로 생각했어요. 하지만 아내가 육아도 힘들었고, 모임에 대한 경제적 부담까지 지는 세월이 쌓이면서 너무 힘들었다는 것을 나는 모르고 있었어요. 더구나 이해심이 부족했던 나는 아내와 자주 다투었지요. 나의 선교활동을 도무지 견뎌낼 수 없었던 아내는 우울증까지 겹치었고, 결국 우리 부부는 이혼하게 되었지요. 그래서 나는 지금도 아내를 생각하면 말할 수 없이 미안한 마음이에요.

서울에 올라온 지 얼마 지나지 않아 대전 모임의 형제들이 한울회 사건으로 모두 경찰에 연행되었다는 소식을 들었어요.

대전에서 형제들을 위해 열심히 하느라 애를 썼지만, 열매도 맺지 못하고 반국가단체 사범으로 모두 옥에 갇히는 사태가 일어난 거지요. 내가 끝까지 돌보지 못하고 무책임하게 서울로 온 탓이라는 자책감에 괴로웠어요. 신학교 졸업 후에 목사 안수도 안 받고, 젊은 사람들을 위해서 나의 온 시간을 바쳤는데, 이들이 모두 감옥에 가고 고초를 겪으니 너무너무 가슴이 아팠어요.

지금도 나는 그때 한울모임 회원들을 두고 대전을 떠난 것이 후회되고 가슴이 아파요. 그때 만약 내가 대전에서 계속 형제들과 있었다면, 나는 그들 모두를 대신해서 옥에 갇히는 사람이 되었을 거예요. 그러면 나는 그토록 오래 나를 자책하지 않아도 되었을 거예요.

참혹한 고난을 졌던 한울 형제들, 하나님의 돌보심과 위로, 그리고 하나님이 주시는 복이 함께 하기를 기도합니다.

국가는 하루빨리 한울 형제들에게 잘못했다고 말해야 해요. 용서를 구해야 해요. 나는 그를 위해서 오늘도 간절히 기도합니다.

하나님이 나의 기도에 언제 응답해 주실까요?

아름다운 사람

홍성환

아름다운 사람

너는 꽃씨를 품은 사람이야.

네 안에 있는 꽃씨가 신기해서 너를 바라보고 있었어. 한참을 보고 있으니 네 마음에서 수백 가지의 꽃들이 피더라. 아마 해가 몇 번쯤 어슬렁거리며 노을을 만들었을 거야. 아침 이슬이 여러 번 대롱대롱 매달리기도 했었을 거야. 하지만 그때가 밤이었는지 아침이었는지, 아니면 한낮이었는지 알 수 없어. 시간을 가늠할 수 없었던 순간에도 너는 꽃이 되더라. 난 분명히 들었어. 네 안에 있던 수많은 꽃씨들이 싹을 틔우고, 순식간에 꽃이 피는 소리를. 그건 마치 광장을 가득 메운 수백만 명이 지르는 함성 같았어. 세상의 모든 번개와 천둥이 한꺼번에 소리를 낸다면 그런 소리일까. 나는 깜짝 놀랐어. 꽃이 피는 소리가 그렇게 크다니.

네가 너를 스스로 '어슬렁'이라고 불렀을 때, 누군가 너를 따라서 햇살이 쏟아지는 숲속에 들어갔지. 새들의 노래를 듣고 이름 모를 꽃들을 보면서 어슬렁어슬렁 숲속을 걸어 다니는 것, 그게 바로 인생 최고의 순간인 걸 너는 알고 있어. 너는 숲속에서 노래를 불렀지.
"마음이 행복해서 마음이 천국인 사람은 불행이 침범할 수가 없어요. 왜냐하면 그 사람은 불행이 기어들어 올 수 없는 난공불락의 요새를 갖춘 사람인걸요."
너를 따라서 숲속으로 들어간 누군가는 오래도록 너의 노래를 마음에 품었어. 그리고 그 노래는 조용히 세상 속으로 퍼져가기 시작했어.

대전 변두리 식장산 아래 가난한 마을 망태골에서 태어나고 자란 네가 이렇게 큰 생각을 품다니 정말 놀라워. '불행이 기어들어 올 수 없는 난공불락의 요새를 갖춘 사람'이 된 너는 사실 중학교를 졸업할 때까지 교회에 가 본 적이 없었지.

중학교를 졸업하던 날, 3년 동안 학교에 저금했던 돈을 찾았지. 너는 당장 서점으로 달려갔어. 너는 무슨 책을 살까 가슴 설레며 한참 동안 진열된 책들을 쳐다보았지. 그때 너의 눈에 성경책이 보였어. 그림도 없고 글씨만 빽빽했던 책을 집에 들고 와서 읽기 시작했지.

교회에 단 한번도 가 본 적이 없지만 성경을 읽고 있는 너의 귀에 교회의 종소리가 들려왔지.

"땡그렁 땡, 땡그렁 땡!"

새벽에 울린 그 종소리가 얼마나 아름답게 들렸는지 너는 벌떡 일어나 교회에 갔지. 그게 처음이었어. 네가 하나님 앞에 갔던 것은.

너는 기도하는 사람들의 뒷모습을 보았어. 조용히 뒷자리에 앉았지. 너의 귀에 기도소리가 들렸어. 순간 너는 넋이 나갔지. 기도 소리가 천사의 음성처럼 들렸거든.

너는 새벽마다 교회에 갔지. 아무도 몰래 소리 없이 갔다가 또 아무도 모르게 소리 없이 나왔지. 어느 날 너는 목사님에게 붙들렸고, 그날부터 너는 교회의 중독자가 되었어. 너의 아버지는 교회에 미친 너에게 몹시 화가 나셨지. 아버지가 약속했어. 네가 서울대학교에 가기만 하면 아버지도 교회에 가겠다고. 아버지를 구원시켜야 하는 너는 힘껏 공부했고, 서울대학교에 합격했지.

대학을 졸업하고 학교 선생님이 되면서 너는 네 안에 피었던 꽃을 뚝 꺾어서 아이들에게 주었지. 그 일은 날마다 계속되었어. 하루도 거르지 않았지. 아니 거를 수가 없었어. 너의 작은 단칸방으로 달려오던 학생들을 어떻게 막을 수 있었겠어?

너는 학생들을 위해서 라면을 아주 많이 끓였지. 배가 고픈 아이들이 배부르게 라면을 먹었어. 그때 아이들의 웃음소리를 너는 지금도 기억하지? 또 세 개나 끓인 라면을 혼자 후룩후룩 먹어버리던 아이도 기억나지? 눈이 유난히 컸던 희주도 기억하고 있을 거야. 그래, 그 아이들을 어떻게 잊을 수 있을까.

너는 낮에는 학교에서 지식 전달자 교사였지만, 퇴근하면 너의 작은 단칸방으로 달려오던 학생들에게 인격 전달자 선생님이었어. 아이들은 너를 만나서 꿈을 꾸었지. 너를 만난 아이들의 심장이 뛰기 시작했어. 너와 함께 《꽃들에게 희망을》을 읽고, 《갈매기 조나단》을 읽으면서 아이들의 생각은 더 높이, 더 멀리 날기 시작했어.

너의 작은 방은 학교 밖에 있는 아주 작은 학교였어. 그곳에서 아이들이 먹은 건 라면이었지만, 아이들은 마음에 위대한 생각을 품었어. 책을 읽고 토론하면서 평생 함께할 좋은 친구를 만나게 해 주고 싶었던 너의 꿈이 실현되고 있었던 거야. 아, 너는 정말 행복했지. 학생들에게 좋은 책을 소개해 주고, 학생들과 토론하는 것이 너무나 즐거웠어.

너는 아이들에게 좋은 선생님이기도 했지만 너 역시 신앙에 커다란 진보를 이루고 있었지. 너는 서울에 있는 학교로 직장을 옮기고 나서도 아이들을 불렀어. 서울의 아이들도 무거운 가방을 메고 네가 있는 곳으로 몰려갔지. 그러다 방학이 되면 대전에 있는 아이들과 서울에 있는 아이들이 함께 모여 수련회를 열었어. 너는 월급을 아끼지 않고 학생들을 위해 사용했지.

돈을 가장 중요한 곳에 사용할 줄 알았던 너는 끝내 부자가 될 수 없었지만 네가 가진 마음은 세상 누구와도 비교할 수가 없어.

교사였던 너는 행복했고, 자신감이 넘쳤고, 너를 만나는 아이들은 너에게서 꽃씨 한 움큼 받아 들고는 마음 밭에 그 꽃씨를 뿌렸어. 세상은 그렇게 아름다워지고 있었지. 꽃씨가 세상 여기저기에서 꽃을 피우고 있었으니까.

어느 날, 너는 놀라운 소식을 들었지. 대전에서 너의 작은 단칸방으로 달려왔던 아이들이 경찰서에 연행되었다는 거였어. 네가 자주 만나 독서토론을 하고, 신앙을 논하던 동료와 후배들도 경찰서에 잡혀갔다는 거였지. 그들이 모두 빨갱이라는 거였어. 너는 놀라서 소리쳤지.

"빨갱이라고?"

너는 당장 대전에 가는 기차를 탔지. 경찰서로 달려갔어. 그리고 말했지.

"그들이 공산주의자들이라고요. 아닙니다. 그들은 학생들이고, 대학생들이고, 교사들이에요. 어떻게 하면 더 좋은 생각, 더 좋은 일을 할 수 있을까 생각하는 사람들이에요. 어떻게 하면 신앙생활을 더 견고히 잘할 수 있을까 애쓰는 공동체란 말이에요. 함께 책을 읽고, 함께 강의를 듣고, 함께 토론하는 공동체인데 빨갱이라는 말은 맞지 않습니다. 우리들 가운데 어느 누구도 공산주의를 좋아하지 않아요. 오히려 공산당을 싫어합니다."

너는 열렬히 외쳤어. 그러나 너는 그 자리에서 갇혀 버렸지. 서울에 있는 학교에서 학생들을 가르치던 네가, 한울모임 동료들과 제자들이 갇혔다는 소식에 망설임 없이 달려갔던 네가 갇히게 된 거야.

가족들은 한 달 동안 네 소식을 알 수가 없었어. 뒤늦게 조사를 받고 나온 학생들을 통해서 네가 빨갱이로 둔갑되었다는 것을 알고 너의 아내는 하늘이 노랗게 변하는 걸 보았지.

너에게 고문이 시작되었어. 국가는 너의 몸을 수없이 때렸고, 국가는 너로 하여금 잠을 자지 못하게 했어. 너의 긴 창자가 말라붙어도 밥을 주지 않았어. 국가는 반복해서 말했지. 쓰라고. 너는 사실대로 썼어.

"우리는 빨갱이가 아닙니다."

국가는 다시 쓰라고 했어.

"나는 공산당을 싫어합니다."

국가는 또 쓰라고 말했어.

"한울모임은 신앙공동체입니다."

국가는 너에게 폭력을 휘둘렀지. 험한 욕설도 서슴지 않았어.

너는 밤새도록 썼어. 다음날에도 썼어. 또 밤새도록 썼어. 다음날 너는 또 썼어. 너는 쓰고, 또 쓰고, 계속해서 썼지만, 그들은 다시 계속해서 쓰라고 소릴 질렀지. 그 사이 태양이 몇 번이나 다시 떴었는지 너는 알 수가 없었어.

너는 생각했어.

'그래. 국가가 원하는 대로 써 주자. 검사 앞에 가서 사실대로 말하자. 검사는 똑똑한 사람이니까, 그 어려운 고시에 합격한 사람이니까 척 알아볼 거야. 강요를 이기지 못해 어쩔 수 없이 쓴 거짓 진술서라는 걸 바로 알아볼 거야.'

너는 너를 세뇌하듯 계속 중얼거렸어.

"검사는 똑똑한 사람들이야. 금방 알아볼 거야."

너는 엄지손가락에 인주를 듬뿍 묻혀서 꾹 찍었어.

검사도 국가와 한패라는 걸 너는 몰랐지. 그때는 모두가 한패였는데. 한패로 똘똘 뭉쳐서 고문하고, 때리고, 강요하고, 그 결과물을 들고 포상을 받고, 승진을 했는데…….

검사는 형사보다 더 폭력적이었고, 더 위협적이었지. 그들은 거짓으로 조작된 사실을 전혀 알아보지 못했어. 오히려 더 날카로운 칼을 들이댔지. 하지만 너의 정신은 조금도 상하지 않았어. 너의 입에서는 신음이 쏟아졌지. 그러면서 너는 중얼거렸어.

"판사는 알아볼 거야."

네가 판사 앞에 섰던 날, 그날은 장미가 흐드러지게 핀 날이었지. 세상은 온통 붉은색으로 출렁거렸어. 거기에 네가 흘린 눈물과 피가 있어서 장미는 더 붉어졌을 거야. 정말 너무나도 슬프고, 너무나도 어처구니없는 일이었어.

너는 판사 앞에서 용감하게 진실을 말했어. 하지만 안타깝게도 국가는 귀머거리 판사를 보냈어. 판사는 아무것도 듣지 못했어. 그래도 진실을 말하는 너의 간절한 얼굴을 보았다면 알았을 텐데, 그때 판사는 눈을 감고 있었나 봐. 하지만 검사는 너의 말을 들었고, 너의 얼굴을 보았어. 순간 검사의 눈에서 불꽃이 일었지.

법정에서 돌아왔을 때 너를 기다린 건 무자비한 폭력이었어.

입가에 흘러내리던 침을 훔쳐낸 검사가 침 묻은 손으로 너의 목을 잡았지. 마치 그 손에선 독이 뿜어져 나오는 것 같았어. 너는 숨을 쉴 수가 없었지. 검사는 광기가 그득한 눈으로 너를 쳐다봤어.

너는 지금도 기억하지? 그날, 검사가 내뱉었던 말들, 그 무서운 말들이 아직도 세상 여기저기에 박혀있는 것을.

너는 지금도 보고 있지? 세상은 여전히 정의와 멀고, 아직도 귀가 멀고 눈을 감은 검사와 판사들이 존재한다는 것을.

국가는 다시 너를 두들겨 패기 시작했지. 네 안에 있던 수많은 꽃씨가 뭉겨지고 꽃잎이 찢겨졌어. 국가가 물었지.

"언제 북에 가서 김일성을 만났는가?"

국가에 의해 너는 만나지도 않은 김일성을 만났고, 국가에 의해 너는 김일성의 지령을 받은 사람이 되었어. 너는 소리치고 또 소리쳤지.

"나는 공산주의자가 아닙니다. 나는 공산당을 싫어하는 사람입니다."

국가는 또 물었지. 왜 공동체 생활을 했느냐고.

그 순간 너는 눈을 반짝이며 말했어. 하나님의 말씀을 말할 때 너의 눈은 항상 반짝였으니까. 그날 찢겨진 눈가에서 피가 흐르고 있었지만, 너는 두 눈을 반짝이면서 말했어. 그때의 너는 정말 순진한 아이 같았어.

"사도행전 2장 44절과 45절에 나오는 '믿는 사람이 다 함께 있어 모든 물건을 서로 통용하고, 또 재산과 소유를 팔아 각 사람의 필요에 따라 나누어 주었다'라는 것을 본받고, 실천하고 싶었습니다."

국가의 말은 참으로 거칠었어. 무식했어.

"그게 바로 공동생산 공동소유를 주장하는 공산주의다. 너희는 공산주의자들이 틀림없다."

그 순간 너는 절망해서 울었어. 너는 울음을 그칠 수가 없었어. 그 울음은 밤이 지나고, 아침이 되어도 멈춰지지 않았어.

너희들의 신앙모임 한울은 순수하고 아름다웠어. 자유가 흘러넘치고 사랑이 풍성했던 너희들의 공동체 한울이었어. 끊임없이 공부하고, 새로운 것을 배우기를 열망하던 순수한 한울이었어. 배려와

예의가 넘쳐나던 지상의 작은 천국 한울이었어.

국가가 너희들의 아름다운 한울을 짓밟았어. 자유민주주의 고운 싹을 싹둑 잘라버린 국가였어. 사람 사는 아름다운 세상을 꿈꾸고 있던 한울을 공산국가를 만들려는 반국가단체로 조작했어.

그날 한없이 통곡했던 너의 울음소리는 아직도 세상 여기저기에서 계속 들리고 있어. 그건 그칠 수 없는 울음일까? 그건 사라질 수 없는 울음일까?

국민을 살해했던 정권. 국민에게 폭력을 휘둘렀던 정권. 전두환 일파는 온갖 악행을 저질렀어. 광주민주화운동을 진압하고 정권을 차지하려던 전두환과 공안검사들은 자신들을 반대하는 민주화 세력을 빨갱이로 몰아 탄압했어. 국가에게 한울모임은 빨갱이로 조작해 낼 수 있는 손쉬운 먹잇감이었던 거야.

너와 함께 열 명이 넘는 제자들이 조사를 받았지. 네가 끓여주는 라면을 후룩후룩 맛있게 먹던 제자들이라 너는 더 가슴이 아팠어. 《갈매기의 꿈》을 읽으며 조나단처럼 멀리, 높이 날아오르기를 꿈꾸었던 제자들, 눈빛이 초롱초롱했던 제자들, 공부도 잘하고 착실했던 제자들은 무시무시한 국가의 폭력을 견뎌냈지. 그러나 학교에서 무기정학을 당했어. 날마다 반성문을 써야만 했어. 마치 인형처럼 써야 했던 경찰 진술서처럼.

너는 또 잊을 수가 없지. 재판정에 나온 제자들이 울면서 소리치던 말들을 너는 지금도 기억하고 있어.

"우리 선생님은 공산주의자가 아니에요."

너의 제자들은 아름답고 훌륭했어. 너의 제자들은 너를 힘나게 만들었어. 너는 한없이 울면서 제자들을 위해 기도했어. 그 기도가 제자들 마음에 가 닿았다는 것을, 너의 기도를 하나님이 들으시고 제자들의 삶을 지켜주셨다는 것을 너는 모르지 않을 거야.

너는 고문을 당하면서도 희미하게 웃었던 적이 있어. 학생들과 자주 읽었던 《갈매기의 꿈》이나 《꽃들에게 희망을》을 통해 학생들에게 변증법을 가르쳤다고 국가가 소리쳤을 때, 너는 낮게 웃었지. 그날 너에게 왔던 국가는 너무 비루했어.

불법 구금된 지 20일 만에 너는 대전교도소에 갇히게 되었지. 빨갱이들을 가둔다는 대전교도소 6사 독방이었어. 구석에 변기통이 하나 놓여 있고, 누우면 꽉 차버리는 좁은 공간이었어. 구타가 없는 것만으로도 숨이 쉬어졌어. 쌍욕을 듣지 않으니 괜찮았어. 잠을 못 자게 안 하니 좋았어.

다음 날, 운동시간이 되어 밖에 나가니 거기 갇혀있던 사람들이 반갑게 인사했어. 그리고는 필요한 물품들을 건네주었지. 너는 고마운 마음에 왈칵 눈물이 쏟아졌어. 너는 그렇게 작은 일에 감사할 줄 아는 연약하고 따뜻한 대한민국 국민인데 국가가 너무나도 큰 잘못을 너에게 저질렀던 거야.

너는 햇살이 내리쬐는 운동장을 천천히 걸었지. 담장 시멘트 틈을 비집고 올라오는 풀을 발견했을 때, 너는 반가움에 소리치고 말았어, 순간 너는 네가 살아있다는 사실을 실감했거든.

누군가 가까이 다가왔어.

"동무 힘내시오. 우리의 날이 멀지 않았소."

너는 놀라서 더듬거리며 말했어.

"나는 공산주의자가 아니오. 절대로……."

그 사람은 가만히 너를 쳐다보았어.

"그럼 여기에 왜 왔소?"

너는 천천히 말했어. 대전에서 학생들을 가르치던 이야기, 아이들에게 라면을 끓여주던 이야기, 아이들과 책을 읽고 토론했던 이야기들을 들려주자 그가 말했어.

"막걸리 반공법 수준의 아이들을 이렇게 가두는 걸 보니 이 정권이 마지막 발악을 하는 모양이오."

그는 하하하 웃음을 터뜨렸어. 그는 재일교포간첩단 사건으로 무기징역을 살던 사람이었어.

'막걸리 반공법'은 네가 처음 듣는 말이었어.

막걸리 반공법으로 10개월을 선고받고 복역 중인 사람이 너와 같은 교도소에 있었지. 그저 이웃과 술자리에서 사소한 다툼이 있었다는 거야. 그래서 홧김에 말했대.

"너는 공산당만도 못한 놈이야."

공산당만도 못한 놈, 그 말은 결코 공산당이 우위에 있다는 말이 아니었어. 공산당은 나쁘다는 말이었어. 나쁜 공산당보다 더 나쁘다고 말한 건데 공산당만도 못하다는 말이 공산당을 찬양하는 말로 둔갑 되었던 거지.

그 사람은 너무나 억울했어. 그래서 출소할 무렵 '김일성 만세'를 외쳤어. 그 사람은 다시 수감 되었어. 어쩌면 그 사람은 제정신이 아니었을 거야. 국가가 자신에게 저지른 폭력을 어떻게 이해할 수가 있겠어. 화가 너무도 났던 그는 날마다 김일성 만세를 불렀어. 그가 김일성 만세를 부르는 동안 그는 세상으로 나갈 수가 없었지. 교도소 안의 사람들은 그가 김일성 만세를 부르는 모습을 재미있게 구경했어. 그런데 어느 날 '김일성' 하고 큰 소리로 외치는 거야. 사람들은 가만히 그가 다음에 할 말을 기다렸어. 김일성 다음에는 '만세' 소리가 나오니까. 그런데 그날은 '김일성'을 부르고 나서 '만세'를 부르지 않고 가만히 있었어. 사람들은 침을 꼴깍 삼키면서 그가 다음에 소리칠 '만세'를 기다렸지. 그는 한참을 가만히 있더니 '나쁜 놈'이라고 했어. 그러니까 '김일성 만세'가 아니라 '김일성 나쁜 놈!' 한 거지. 그 순간 사람들이 폭소를 터뜨렸어. 어떤 사람은 배를 잡고 웃었어. 그러나 너는 웃을 수가 없었어. 그 사람이 가여워서 너는 하염없이 눈물을 흘렸어. 말 한마디 잘못했다고 붙들어다 고문하고 구타하며 공산당을 만드는 국가, 그런 국가의 희생자가 된 그 사람이 너무너무 가여웠어. 그 사람을 쳐다보며 한없이 눈물을 흘리고 있는 너를 보고 사람들이 훌쩍훌쩍 울기 시작했어. 그때 어디선가 나비 한 마리가 날아와 너의 어깨에 앉았어. 그날, 나비도 날개를 접고 너와 함께 울었을까? 어쩌면 너의 울음이 나비의 날개에 고이 박혀 들었는지 몰라. 나비가 너의 울음을 안고 세상 어딘가로 날아가는 것을 너는 그날 보았을까?

　너는 너를 알지만, 국가는 너를 몰라. 너를 모르는 국가가 너에게 강요하고 닦달했지. 대대로 가난한 집에서 태어나 사회에 불만을 품던 중 공산주의에 현혹되었다고. 그러나 너는 단 한번도 가난한 것을 불만으로 여겨본 적이 없어. 오히려 너는 "가난한 자가 복이 있다"는 예수님의 복음에 깊이 감동하던 사람이었어.

　사실은 국가도 알고 있었어. 너는 공산주의자가 아니며, 달리 민주화운동을 한 적도 없다는 것을. 너는 그저 학생들에게 말할 수 없이 좋은 선생님이었고, 너무나도 선량한 사람이었다는 것을. 그런데 권력은 빨갱이가 필요했어. 사람들을 겁에 질리게 만들어야 했으니까. 그래서 자신들이 하는 일에 반대할 수 없게 만들 본보기가 필요했으니까. 결국 너에게 구성원 포섭, 교육, 자금 지원, 집회 장소 제공, 공범자들의 의견에 동조했다는 죄목을 덮어씌웠지.

　너에게 여러 가지 죄목이 입혀지고, 너는 교도소에 수감되었지만, 하나님을 믿는 너에게서 두려움은 찾을 수가 없었어.

재판에 나올 때마다 너는 항상 웃었지. 그래서 가족들은 걱정했어. 고문을 받다가 미쳐버린 줄 알았지. 하나님을 믿는 믿음의 사람이었던 너는 교도소에서 항상 웃었고, 밝게 지냈어. 순전한 믿음을 가진 너는 너 자체가 빛이고 기쁨인 사람이었던 거야.

교도소에서 나오니 세상은 눈부시고, 바람은 달콤하고, 공기에서는 향기가 넘쳤지. 하지만 너는 요시찰 대상자로 분류되어 항상 감시자가 따라다녔고, 취업하려는 곳마다 신원조회에 걸려 매번 절망할 수밖에 없었어. 사면 복권된 뒤에도 국가보안법 전과자로 낙인이 찍혀서 취업할 수가 없었어.

아내가 있고 자식이 있는데 취직을 할 수 없다는 사실, 네가 좋아하는 일은 학교에서 학생들을 가르치는 일인데 학교로 돌아갈 수 없다는 사실, 그래서 너의 삶은 마치 무거운 돌항아리를 등에 진 기분이었지. 너는 몹시 힘들었어. 그러나 어찌 된 일인지 그동안에도 너는 "하나님의 은혜가 내게 족하다"는 바울의 고백이 너의 고백이 되었어. 신앙의 위대한 힘이었고, 하나님이 주시는 최고의 은혜였지.

세상에서 당하는 일들은 설사 억울한 고난이라 해도 깊은 곳에 숨은 뜻이 있다는 신비를 너는 알고 있었어. 그 신비를 은혜로 해석하고 받아들이는 믿음이 너에게 있었어. 하지만 너는 정말 힘들었어. 출옥한 지 얼마 안 되어 쌀을 살 돈이 없었을 때, 너는 아내의 손을 잡고 기도했지.

"하나님, 오늘은 금식이라는 특별한 식사를 주셔서 감사합니다. 가난하게 사신 예수님처럼 가난을 알게 하시고, 가난한 자의 복을 마음 깊이 체험하게 하소서."

그날, 네가 하나님의 사랑을 깊이 느끼며 감사의 눈물로 불렀던 찬송을 하나님도 들으셨을 거야.

가난하다고 불행할 수 없다는 것은 너의 자존심이고 신앙이었어. 살면서 어떤 일을 당해도 복으로 해석하고 감사할 수 있다면 그 무엇도 우리를 불행하게 할 수 없다는 것, 가난하기 때문에 더 행복할 수 있는 것이 인생이란 걸 너는 깨달았지.

세상에서 가장 좋은 것은 다 공짜로 주어지는 것들이라는 것, 공짜로 주어지는 공기를 들이마시며 숨 쉬는 것을 즐거워할 수 있다면 어느 한순간도 불행할 수 없다는 것도 말이야.

어슬렁, 너는 지금도 날마다 생각해. 권력욕에 눈이 먼 정치권력이 국가권력을 동원해 죄 없는 개인을 짓밟아도 되는가. 소위 배웠다는 판검사들이 권력의 시녀가 되어 정의와 진실을 외면하고 극악한 짓을 해도 되는가.

어슬렁, 너는 민주화운동 한번 제대로 못했고, 공산주의에 대해 진지하게 생각해 본 적도 없는데, 그런 네가 법으로 공인받은(유죄 판결을 받은) 공산주의자가 된 것이 가슴 아파.

어슬렁, 너처럼 억울한 바보가 세상에 또 얼마나 많을까?

너는 아무런 일도 하지 않고 민주화운동 유공자로 인정을 받은 것이 부끄러웠어. 그래서 보상을 신청하지 않았지. 그래도 명예는 회복해야 하는데, 터무니없이 공산주의자로 낙인찍힌 채 살아서는 안 되는데, 이명박·박근혜 시절 재심을 청구했지만, 양승태 대법원은 재심을 기각했지. 그래서 너는 여전히 국가가 공인한 빨갱이로 살고 있지.

교도소에 있을 때 교도관들이 수없이 너를 불러다 전향하라고 권했지. 한번도 공산주의자인 적이 없는데 어디로 전향하나?

어슬렁, 너는 지금도 참 많이 슬퍼. 역사의 왜곡은 아직도 바로잡히지 않았고, 너는 여전히 그 억울한 피해자로 살고 있으니까.

어슬렁, 너는 억울한 일을 당했지만 하나님을 사랑하는 사람은 결코 불행할 수가 없다고 생각하지. 그리고 억울한 일은 반드시 바로잡아야 한다는 것도 너의 확고한 생각이지. 왜냐하면 세상은 사람들을 통해 정의가 살아있다는 것을 알게 되니까.

사람들을 통해서 하나님이 살아 계시다는 것을 알고 있는 너는 행복하고 자유한 사람이라는 걸 우리가 알고 있어. 너는 참 아름다운 사람이야.

눈물의 사람

이규호

눈물의 사람

 이규호, 그의 이야기를 듣는다는 것은 눈물이다. 그의 이야기 어느 한구석 눈물이 배어있지 않은 곳이 없다. 그의 고난이 눈물겹고, 그의 순수가 눈물겹다. 그가 일관되게 걸어온 복음에 대한 열정과 사람들을 향한 지극한 사랑의 마음을 보는 것도 눈물이다. 학문을 대하던 용기 있는 자세도 눈물나게 아름답다. 죽음을 앞에 두고 있었던 그의 시간들은 또 얼마나 많은 눈물이 있었을까? 그는 아름다운 사람이었다.

 자, 이제 그의 삶으로 걸어가 보자.
 이규호는 1981년 3월 15일 대전서부경찰서에 연행된 뒤, 대공분실 지하실에서 모진 고문을 받는다. 그리고 연행 33일 만에 국가는 그를 이적 단체의 수괴로 둔갑시켜서 구속한다. '한울회'라는 이적 단체의 수괴로 둔갑한 이규호. 마음이 여리고 신앙심이 유난히 크고 진실했던 이규호. 그는 성경의 가르침대로 살기를 원했을 뿐이다. 기독교 신앙공동체를 통해서 성경의 가르침에 따라 자신을 버리고 고난 받는 이웃과 함께 하겠다는 그의 마음은 굳건했다. 하지만 폭압적인 정권에 그는 무참히 짓밟혔다.

도대체 그에게 무슨 일이 일어난 것일까?

국가보안법을 악용한 폭력 정권의 거대한 횡포가 헤아릴 수 없이 많았던 5공 시절, 전두환은 쿠데타로 정권을 장악한 다음 자신의 정권에 위험스럽게 여겼던 세력들을 잡아 가두기 시작한다. 많은 사건들 중에서 전두환 정권 초기에 일어났던 일이 〈한울회 사건〉이다.

신앙공동체였던 한울은 아주 작은 모임이었다. 그저 하나님을 향한 사랑으로 뜨거운 젊은이들이 자발적으로 찾아든 모임이었다.

한울회 구성원들은 1972년에 시작된 대전 네비게이토 선교회 신앙모임에서 만났다. 이규호는 고등학교 1학년 때 처음 모임에 나갔다. 그 모임에는 중학교나 고등학교에 재학 중인 학생들도 있었고, 대학생들도 있었다. 또한 교사들도 몇 명 있었다.

30명 가까운 회원들의 모임은 개방적이었고, 자유가 흘러 넘쳤다. 그 모임에서 청년들은 크게 숨을 쉴 수 있었다. 청년들은 성공가도를 향해 달려가던 발걸음을 멈추었다. 하나님 나라를 바라보았고, 헐벗음에 고통 받고 있는 이웃들을 품었다. 꾸준히 모였던 그들의 관심사는 신앙생활을 통한 공동체 문제였다. 수년간 신앙공동체에 대해 배우고 토론했다. 또한 모일 때마다 성경의 가르침을 공부하고 신앙심을 키워갔다. 그들은 즐겨 인용하고 공부하던 성경 구절을 읽으면서, 고난 받는 이웃과 하나가 된다는 것은 마음뿐만이 아니라 물질에도 똑같이 적용된다는 사실에 동의했다. 초대교회 사람들의 삶을 묘사한 말씀을 소리 내어 암송했다.

> 믿는 사람이 다 함께 있어 모든 물건을 서로 통용하고 또 재산과 소유를 팔아 각 사람의 필요에 따라 나눠주고—〈사도행전〉 2장 44~45절

소유의 공동성을 명확하게 표현한 말씀에서 그들은 진리를 배웠다. 성경의 가르침은 우리의 마음과 몸과 물질의 모든 것이 하나님께 속해 있으며, 이 모든 것을 이웃과 공유해야 한다는 것이다. 그들은 모임을 통해서 진리를 발견했고, 배웠고, 모임을 통해 각자가 체험하고 철저히 실천하고자 했다.

1979년 봄부터 시작된 일요모임은 장소가 필요했다. 그간 배운 공동체를 실현하고 훈련해 보고 싶었다. 그들은 대전 문화동 보문산 기슭의 양옥집에 붙은, 방 두 칸과 부엌이 딸린 집을 월세로 얻었다. 미닫이문 하나를 열면 커다란 방 하나가 되었기 때문에 많은

사람들이 모이는 것도 가능했다. 그들은 그 집의 이름을 '뻐꾸기 둥지'라고 지었다. 제 둥지에 알을 낳지 않는 뻐꾸기, 그러니까 '뻐꾸기 둥지'는 자기 새끼를 위해서 존재하는 둥지가 아니라 이웃을 위한 둥지였다.

서너 명이 공동생활을 하면서 예배와 성서 연구, 섬김과 봉사의 훈련을 하였다. 그들은 공동생활을 통해 개인주의와 이기주의를 극복하기 위해서 부단히 노력하였다. 서로의 형제애를 '나눔과 섬김' 속에서 철저히 체득할 수 있어야만 진정한 신앙인이 될 수 있다고 확신한 그들은 공동생활을 통해서 자신을 완전히 비우고자 하였다. 누구라도 내 것이라는 소유 관념을 내세우지 않았고, 혹여 그런 생각이 들면 부끄럽게 여겼다.

사람들이 점점 더 많이 모였다. 그들은 일요일뿐만이 아니라 수시로 찾아오는 형제자매들을 도무지 감당할 수가 없었다. 더구나 두 개의 방이 미닫이문 하나로 나뉘어져 있었기 때문에 개인의 시간이 허락되지 않았다. 또한 공부에 집중할 수가 없었다.

그들은 6개월 만에 '뻐꾸기 둥지'를 잠정적으로 해체하고, 일요일 예배는 이규호 자신의 집에서 모이기로 했다.

1980년 12월, 회덕 중리동에 방 두 칸의 작은 주택을 얻으면서 '뻐꾸기 둥지'가 재개되었다. 그때는 문이 따로 있는 두 칸을 얻었다. 제2의 '뻐꾸기 둥지'에서의 공동생활은 사생활이 보장되었고,

형제자매들이 와도 방해받지 않고 공부에 집중할 수 있었다.

이름도 없이 모였던 청년들은 1980년 겨울 수련회에서 '한울모임'이라는 이름을 지었다. 회원들은 '하늘'이며 '한 울타리'라는 뜻을 지닌 '한울'이라는 이름이 무척 마음에 들었다.

각지에서 겨울 수련회에 모인 학생들과 청년들은 세상에서 가장 아름다운 시간을 가졌고, 회원들의 얼굴에는 기쁨이 넘쳐흘렀다.

한울모임은 국내의 신앙공동체를 방문하 그며들과 교류를 가졌다. 당시는 고등공민학교였고 지금은 풀무농업고등기술학교인 홍성의 풀무학원을 방문하였을 때, 학생들은 많은 도전을 받았다. 지금은 무공해 식품을 생산하는 곳으로 알려진 풀무원을 방문했다. 또한 프랑스 '떼제 공동체'의 한국분원과도 교류하였다. 학생들은 학교 바깥의 경험을 나누며 감동했고, 그것은 대학생이나 대학을 졸업한 사람들도 마찬가지였다.

공동체에 대해서 가장 중요하게 여긴 것은 사회문제였다. 공동체가 한울 회원들만의 오아시스가 아니라 사회의 민주화와 함께해야 한다고 생각했다. 그것은 역사와 사회문제에 대한 토론으로 이어졌고, 왕성한 독서로 나타났다. 또한 한울공동체의 구체적 역할을 청년 교육에 있다고 보았다. 이를 통해 다양한 영역에서 사회운동가가 배출되기를 바랐고, 그를 위해서 다양한 강좌를 준비했다.

한울은 대전뿐 아니라 서울과 옥천에도 모임이 만들어졌다. 서울 소재 학교 교사가 된 사람은 그곳 학생들과 함께 독서하며 성서를 공부하였고, 전도사로 교회 개척을 위해 정착한 사람은 그곳 학생을 모임과 연결하였다. 각 지역의 한울모임은 수련회 때 다같이 모였다. 정말 한없이 따뜻하고, 기쁨이 가득하고, 힘이 솟구치는 모임이었다.

이규호는 1980년 12월 30일부터 3일간 서울에서 열린 수련회에서 미완성 논문인 〈현대의 공동체론〉을 발표했다. 공동체론을 정리할 목적으로 쓰고 있던 논문은 무척 많은 분량이었고 미완성의 논문이었지만, 현대의 공동체론을 이야기하면서 많은 논의가 이어졌다. 이규호는 논문을 통해서 공동체의 필요성과 공동체의 개념을 규정했고, 국내외 공동체 운동의 사례를 열거했다. 또한 공동체 운동의 사상적 근거를 제시했고, 공동체 운동과 실천의 구체적 방법을 기술했다. 그런데 그 논문이 미완성인 상태에서 검찰에 압수되었고, 40년이나 지난 지금도 국가가 보관하고 있다.

이규호는 1980년 광주항쟁이 시작된 후 시위 전력 때문에 피신 다니다가 체포되었다. 그는 조치원 32사단에 끌려가 한 달 반 동안 삼청교육대의 순화교육을 받았다. 그뿐 아니었다. 헌병대 영창에도 끌려갔고, 다시 유격훈련장으로 끌려다니며 고통스러운 시간을 보냈다. 어렸을 적 앓은 소아마비는 그런 훈련과 활동에 불편함을 주었다. 하지만 다시 한울모임으로 돌아올 수 있었던 이규호는 애써 지난 시간을 잊었다. 이규호에게 한울모임은 그만큼 의미가 있었고, 기쁨과 보람을 안겨주는 곳이었다.

  1981년 3월 15일 일요일, 예배를 마친 회원들은 잠시 여유로운 시간을 보내고 있었다. 산책을 하는 사람도 있었고, 점심식사를 준비하는 회원들도 있었다. 오후에 있을 성서연구와 독서토론을 하기 전 한울모임 회원들에게 맛있는 점심식사가 기다리고 있었다. 반찬이 많은 건 아니었지만 그들은 소찬으로도 맛있게 먹을 준비가 되어 있었다.
  즐겁게 상을 차리고 막 밥을 먹으려고 하는데 형사들이 들이닥쳤다. 자동차 두 대에 타고 온 형사들은 열 명이 넘었다. 형사들은 거칠게 '뻐꾸기 둥지'를 수색했다. 그리고는 모두 연행했다. 고등학생들은 놀라서 소리쳤고, 어떤 여학생은 무서워서 비명도 지르지 못했다. 아무런 영문을 모른 채 끌려갔다. 그러나 그들에게는 아무 잘못이 없었다. 그래서 모두가 곧 풀려날 거라고 말하며 서로를 다독였다.
  이규호 역시 몇 번의 시위 가담으로 연행된 적은 있으나 다른 범법 사실이 없어서 큰 걱정을 하지 않았다. 하지만 경찰서에서 터무니없는 조사가 시작되었다.

  이규호는 대전 서부경찰서에서 기초 조사를 받았다. 그리고는 한밤중에 눈이 가려진 상태에서 대공분실 지하실로 끌려갔다. 이때부터 고문이 시작되었고, 때때로 여관으로 끌려다니며 구타를 당하였다. 진술서를 쓰다가 깜빡 졸기라도 하면 주먹이 날아왔다. 또 자신들은 태연하게 밥을 먹으면서 사흘이나 굶은 이규호에게는 밥을 주지 않았다.

어느 때는 일주일씩 잠을 전혀 잘 수 없도록 괴롭혔다. 그런 상태에서 심문을 받자 이규호는 어딘가에 한없이 빨려 들어가는 느낌이 들었다. 정신을 집중하기가 매우 어려웠다. 그래도 사실이 아닌 것은 말하지 않았다. 그럼에도 진술서에는 이규호가 부인한 내용은 전혀 기록되지 않고 경찰들이 요구한 내용만 가득 적혔다.

이규호는 불러주는 자술서를 몇 번이나 다시 쓰고, 같은 내용도 여러 차례 반복해서 써야 했다. 어떤 것은 그들이 불러주는 내용으로 스무 번쯤 쓰기도 했다. 기억하지 않으려고 해도 저절로 암기가 되었다. 그래서 나중에는 마치 열린 수도꼭지에서 물이 쏟아지는 것처럼 그들의 질문에 즉각즉각 답변이 나왔다.

수사는 끝날 줄 몰랐다. 영원히 계속될 것 같았다. 지하실 천장 가까이에 있는 창문으로 밤이 오고 날이 밝는 것을 어느 순간 느끼기도 하였지만, 시간이 어떻게 흘러가고 있는지 아무것도 알 수가 없었다. 그만큼 이규호의 정신은 혼미했고, 한없이 깊은 나락으로 떨어졌다. 가끔은 새들이 지저귀는 소리가 들렸다. 그러면 이규호는 잠시 그 소리를 찾아 고개를 들곤 했다.

"그래. 저 밖에서는 새들이 지저귀고 있어. 새들이 날고 있어. 나도 나갈 거야. 나도 하늘을 날 거야."

서울에 가 있던 형들이 참고인 조사로 왔다가, 혹은 한울의 형제들을 변호해 주기 위해 달려왔다가 그대로 붙들려 수사를 받는다는 소리가 들려왔다.

'바보, 오지 말지. 멀리 도망가지.'

고등학생 후배들이 가방을 든 채 끌려와서 혹독한 수사를 견디려 애쓰는 모습도 보였다.

'아이구 어쩌나. 가여워서 어쩌나. 애들은 무서울 텐데…….'

그중에 누나도 보였다. 순간 눈물이 가슴에 차올랐다. 하지만 이규호는 울지 않았다. 잠깐 누나와 눈이 마주쳤을 때, 이규호는 웃음을 보여주었다. 하지만 누나에게는 고통스러운 모습으로 보였을 것이다.

경찰은 교대로 밤참을 먹어가며 조서를 썼다. 이규호는 여러 날 굶고 있었지만, 그들이 먹는 음식이 쓰레기처럼 보였다. 몽롱한 상태에서 간신히 유도 심문을 견디고 있는데 심문하던 형사가 어딘가에서 걸려 온 전화를 받았다. 순간 형사의 목소리가 의심스러웠다. 형사의 목소리는 너무나 다정하고 부드러웠다.

"사랑하는 우리 딸, 학원에는 다녀왔어? 오늘 공부는 힘들지 않앉어? 우리 딸, 아빠가 사랑한다. 너무 무리해서 공부하지 말고 잠을 잘 때는 푹 자는 거야. 알았지?"

이규호는 딸과 통화하는 형사를 멍한 눈빛으로 바라봤다. 하지만 통화가 끝나자 형사의 얼굴에 있던 미소와 부드러움은 순식간에 사라졌다. 형사는 주먹을 내리치며 잘못 썼다고 또 소리를 질렀다. 형사는 다시 포악한 짐승으로 돌아와 있었다.

수사가 막바지에 이르렀을 때, 이규호는 한울모임이 엄청난 사건으로 날조되고 있다는 사실을 느끼고 있었다. 이규호는 감각이 없는 다리를 쓰다듬으면서 중얼거렸다.

"고문해서 조작한다는 이야기는 많이 들었어도 내가 당할 거라고는 생각하지 못했네."

수사관들 중에는 사실과 전혀 다른 날조에 괴로워하는 사람도 있었다. 하지만 진실을 말할 용기는 없었다. 순수하기 짝이 없는 신앙인들을 무참한 형벌로 몰아넣는 것에 가책을 느끼고 괴로워하는 형사도 있었다. 하지만 그들은 경찰을 그만둘 용기도 없었다.

어떤 수사관은 괴로운 표정을 지으면서 한탄했다.

"상명하복의 경찰 신분상 주어진 임무에 최선을 다하는 것이 경찰이다."

하지만 대부분의 수사관은 몹시 냉혹하고 비정했다. 이규호는 형사들이 과연 '나와 같은 사람인가' 하는 의문이 머리에서 떠나지 않았다.

4월 17일, 이규호는 구속되었고, 서부경찰서 유치장에 갇혔다. 경찰은 피의자들에게 심한 구타와 고문을 했다. 성적 유희와 희롱도 서슴지 않았다. 또 자신들보다 훨씬 나이가 많은 사람에게도 비하하는 말로 심한 모욕감을 주었다. 그런 일들을 목격하면서 참을 수 없는 분노를 느꼈다. 그가 목격한 경찰들은 인간이 아니었다. 그들에게는 인간의 존엄이라는 것이 존재하지 않았다. 이규호는 공권력의 만행을 지켜보면서 이러한 끔찍한 공권력은 이 땅에서 반드시, 영원히 사라지게 해야 한다고 다짐하고 또 다짐했다.

10일 남짓 지나 이규호는 대전교도소에 수감되었다. 사상범으로 분류된 이규호는 독방에 수감되었다. 처음 겪는 감방 생활이었다. 독방 생활은 차갑고 외로웠다.

이규호는 공산주의자로 조작되어 있었다. 하지만 그러한 사실을 알 수가 없었던 이규호는 교도소에 있으면서도 여러 번 검찰청에 불려가 다시 조서를 써야 했다. 담당 공안검사는 교활하고 잔인했다. 경찰 조서를 근거로 다시 쓰는 검찰 조서는 법정에서 증거 능력을 갖는 아주 중요한 것이었지만, 분위기는 이규호가 사실을 말할 수 있을 만큼 자유롭지 않았다. 오히려 고문하며 조서를 쓰던 경찰관들이 항상 나와서 경찰 조서가 사실임을 인정하도록 윽박질렀다. 아니라고 말하면 검사는 모욕과 구타를 서슴지 않았다. 이규호는 굶주린 늑대 앞에 놓인 불쌍한 먹잇감이었다.

검사는 여러 가지 방법을 동원했다. 저녁 식사 후 취침나팔 소리가 들려 자리를 깔고 누우면 갑자기 나타나 새벽 4시까지 조서를 쓰게 만들었다.

이규호는 경찰 조서 내용을 완강하게 부인했으나 이미 주모자로 날조되어 있었고, 부인할 때마다 주먹이 날아왔다. 이규호는 맞을 때마다 나동그라졌고, 그러면 발길질까지 더해졌다.

수십 일이 지나 공소장을 받았다. 공소장을 받아 든 이규호는 한동안 멍한 상태로 있었다. 세상이 빙글빙글 도는 것 같았다. 정말 기가 막히고 터무니없는 내용들로 채워져 있었다. 공소장을 읽는 이규호의 목소리가 가물가물 흔들렸다.

"이규호는 마르크스주의에 입각한 공동생산, 공동분배, 공동소비하는 공동체를 만들어 전국으로 확산시켜 현 자본주의 체제를 전복하고 공산주의 사회를 만들고자 했으며, 나아가 인류공동체를 이루고자 한울회라는 반국가단체를 결성한 수괴이다."

이규호의 형량은 국가보안법 제3조 1항 1호에 의해 사형 아니면 무기징역이었다.

"아…….."

"하나님 어떻게 된 것입니까? 이건 아니지 않습니까?"

이규호의 입에서 신음 소리가 터져 나왔다. 하지만 이규호는 얼른 마음을 다잡고 소리쳤다.

"하나님의 뜻이 있으실 것이다."

하나님을 생각하는 순간 이규호의 마음에 평화가 왔다. 이규호는 간절한 마음으로 기도를 드렸다.

"평화를 주시는 하나님, 이 조작이 언젠가는 반드시 밝혀질 것을 믿습니다."

이규호는 하나님을 굳게 믿었고, 거친 풍랑에 흔들리는 조각배 같았던 마음을 굳세게 했다. 이규호는 생각했다.

'사형을 받아도, 무기징역을 받아도 나는 두려워하지 않는다.'

'이 땅에서 당해야 할 고난이라면 나는 두려움 없이 가리라.'

이규호는 또 생각했다.

'반드시 이 일을 통해서 밝히 드러나야 할 일이 있다.'

이규호의 마음속에 깊은 탄식도 올라왔다.

'자유민주주의 국가 대한민국에서 실로 엄청난 일이 일어나고 있구나. 성경 말씀에 따라 자기 소유를 부정하고 함께 나누며 살자는 신앙공동체가 공산주의이며 반국가단체라고 억지를 부리면서 여러 사람에게 죽음에 이르는 형벌을 가하는구나.'

1심에서 검사는 무기징역을 구형했다. 40여 명의 증인이 출석하여 증언하였고, 검찰 측은 수사한 경찰관들과 두려움에 떠는 고등학생 두 명이 나와서 증언하였다.

이규호는 고등학생들을 바라보는 순간 너무나 마음이 아파서 저절로 기도가 나왔다.

"주님, 저 아이들의 마음을 위로해 주소서. 저 아이들의 상처를 치료해 주소서. 저 아이들이 강건할 수 있도록 도와주소서."

판사는 이규호에게 징역 7년을 선고했다.

고등법원에서 재판을 받기 위해 영등포구치소로 이감했다. 재판 도중 판사가 여러 번 바뀌고, 마지막에 재판을 진행한 판사들은 재판기일을 1주일 앞두고 재판을 맡게 되었다. 틀림없이 그 판사들은 50여 명이나 되는 우리 사건 관련 기록을 다 읽어볼 시간이 없었을 것이다. 예상대로 결과는 기각이었다. 대법원에 상고했다.

그런데 대법원 합의부는 놀라운 판결문을 보내왔다.

"한울공동체는 순수한 신앙공동체이지 반국가단체가 아니다."

정말 너무나 뜻밖의 소식이었다. 시멘트 바다 작은 틈에서 핀 민들레처럼 대법원의 판결은 이규호에게 희망을 안겨주었다. 이규호의 마음은 설레었고, 정의가 살아있다고 생각했다. 하지만 고등법원에 파기 환송된 다음에는 그 희망이 얼마나 허무한 것인지를 곧바로 깨닫게 되었다. 고등법원은 대법원의 판결을 번복하여 다시 유죄판결을 내렸다. 이규호를 '수괴'에서 '지도적 임무에 종사한 자'로 공소장을 변경시켜서 징역 4년에 자격정지 4년을 선고했다.

이규호는 허탈한 마음에 저절로 탄식이 나왔다.

'자본주의 국가인 대한민국을 변란 시킬 목적으로 반국가단체를 만들고, 그 일의 지도적 임무에 종사한 자에게 어떻게 겨우 징역 4년을 선고할 수 있단 말인가.'

다음 상고심에서는 대법원의 판사들이 바뀌었고, 대법원은 다시 이규호에게 유죄를 선고했다. 이규호는 석방되지 못하고 수형 생활을 계속 해야만 했다.

이규호는 교도소를 형무소라고 불렀다. 말만 교도소지 교도 내용은 거의 없는 감옥일 뿐이기 때문이다.

형무소의 인권 유린은 정말로 심각했다. 밤낮으로 시도 때도 없이 구타와 고문과 욕설이 난무했고, 소년수들에 대한 기합이 자행되었다. 비인간적인 징벌방도 있었다. 이규호는 독재정권이 배설해 놓은 참담한 것들과 뼈가 저리도록 싸워야 했다. 군사독재의 추악한 발톱은 아침 세숫물의 양과 세면 시간에서도 느껴졌고, 식사 때의 부식에서도 느껴졌다. 운동시간과 영치도서 검열 문제 등 생활의 모든 면이 말할 수 없이 비인간적이었다. 이규호는 끊임없이 싸워야만 했다.

영등포구치소의 인권 유린은 특히 심했다. 소년수들에 대한 인권 유린이 너무나 심해서 이규호는 시정을 요구하며 여러 번 단식하고 싸웠다. 결국 이규호는 구치소에 끌려가 비녀 꽂기 고문을 당했다. 또 가죽 수갑과 쇠 수갑을 한꺼번에 찬 채 똥과 오줌 냄새가 진동하는 징벌방에 여러 날 갇히기도 하였다.

1982년 어느 날, 이규호는 교도소 운동장에서 이상한 방을 만드는 것을 보았다. 이규호는 틀림없이 재소자 탄압을 위해서 사용될 방이라는 생각이 들었다. 그건 폐쇄방이었다.

이규호는 재소자들의 처우 개선을 요구하면서 또다시 단식 투쟁을 시작했다. 이규호는 폐쇄방의 첫 손님이 되었다. 그런데 일반 징벌방과는 달리 완전 호화판 징벌방이었다. 너무나도 완전한 고급 시설이었다. 마루는 고급 목재인 나왕을 사용하였고, 양변기가 있었다. 천장과 벽 모서리에 형광등이 있고, 천장에는 환풍기가 달려 있었다. 천장과 벽 사면은 최고급 벽지로 발라져 있었다. 담당 교도관을 부를 때는 인터폰을 사용했다. 교도소의 다른 방들은 냄새가 나는 변소에 다 낡은 마루였고, 30촉 전구로 어두침침하기가 짝이 없었다. 하지만 숨구멍 같은 창문은 있었다. 그런데 폐쇄 방은 특이하게도 쇠창살이 없었다. 대신 두꺼운 유리가 끼워져 있었다. 그러니까 그 방은 안에서 벌어지는 어떤 소리도 밖으로 나가지 않는 폐쇄방이었다. 정치범들을 징벌방에 두면 인권 유린이라고 하니 좋은 방에 모셔 둔다는 명분을 내세워 완전히 격리할 수 있는 진화된 기술이었다.

이규호는 계속 단식 투쟁을 하여 폐쇄방에서 자신의 방으로 돌아왔다. 독방이기는 해도 날이 밝거나 어두워지는 것을 볼 수 있었고,

가끔은 새들이 지저귀는 소리를 들을 수 있었다. 그리고 옆방으로 건너갈 수는 없지만, 가끔은 벽을 두드리며 옆방에 있는 재소자들과 소통하는 통방이 가능했다.

이규호는 감옥 안에서 뼛속 깊이 나라의 현실을 알았고, 감옥 안에서 자신이 가야 할 길을 확실히 깨달았다. 이규호에게 감옥은 인생의 대학일 뿐만 아니라 활동가를 키우는 훈련소였던 것이다. 이규호는 그렇게 감옥 안에서 자신을 무럭무럭 키워가고 있었다.

1983년 8월 15일, 그는 광복절 특사로 풀려났다. 풀려나기 전날 밤, 교도소의 간부들이 이규호를 불렀다. 그들은 이규호에게 '사상 전향서'를 쓰라고 요구했다. 이규호가 거절하자 그들은 사정을 하면서 매달렸다. 물론 그들은 수감 기간 내내 끊임없이 이규호에게 전향서를 쓰기를 요구했다. 하지만 이규호는 그들의 요구를 끝끝내 거절했다. 이규호는 그들에게 말했다.

"나는 공산주의 활동을 하지 않았습니다. 전향서를 쓰면 날조된 내용을 시인하는 것이 되는데 그런 것을 어떻게 씁니까? 나는 절대로 쓸 수 없습니다. 나는 공산주의자가 아닙니다."

이규호가 나오던 날, 교도소 측은 이규호의 가족들에게 연락을 하지 않았다. 이규호를 마중 나온 사람은 이규호를 고문하고 수사했던 형사들이었다. 그 지긋지긋한 얼굴들을 보면서 이규호는 얼굴을 돌리지 않았다. 하지만 웃지도 않았다. 형사들은 이규호를 경찰서로 데려갔고, 무표정한 얼굴로 '보안처분 대상자' 카드를 작성하게 했다. 카드 작성이 끝나자 형사가 비로소 이규호의 어머니에게 전화를 걸어서 바꿔 주었다. 느닷없는 아들 목소리에 어머니는 울음부터 터뜨렸다. 어머니가 금세 달려왔다.

이규호가 감옥에 있는 동안 어머니는 홀로 되셨다. 아버지가 돌아가실 때, 교도소에서는 아버지의 임종을 지키는 것을 허락해 주지 않았고, 장례식에도 보내주지 않았다. 동생은 군대에 가고, 누나는 시집을 갔기 때문에 어머니는 혼자서 눈물로 장남을 기다리고 있었던 것이다. 수척해진 어머니는 아들을 끌어안고 한없이 울었다.

감옥에서 나왔지만 이규호에게는 '사회안전법'에 의한 보안처분이 기다리고 있었다. 전화를 감청하는 것은 물론이고, 세 들어 사는 사람이나 통반장을 통한 감시도 계속되었다.

아침에 일어나서 대문을 열면 담 밖의 텃밭에 항상 선명한 발자국이 찍혀 있었다. 그 발자국은 담벼락 밑 밭에서 집안의 동정을 엿보던 자국이었다. 이규호는 저녁마다 발자국을 지워놓았다. 하지만 아침에는 늘 다시 새로운 발자국이 있었다. 어느 때는 그 발자국에 상추밭이 짓이겨져 있기도 했다.

이규호는 1989년부터 비인도적이고 위헌적인 사회안전법 폐지를 위해 싸웠다. 서명운동을 펼치고, 성명서를 발표하고, 전단을 제작하여 배포했다. 기자회견도 하고, 농성도 하였다. 전국적인 단체를 만들어서 지속적으로 투쟁하면서 농성을 이어갔다. 다행히 사회안전법이 폐지되었다. 그러나 보호관찰 제도와 거주제한 제도는 법의 이름만 바뀐 채 여전히 존속되고 있다.

한울공동체는 교회의 새로운 모습을 추구했고, 신앙인으로 마땅히 가져야 할 사회적 책임을 소중하게 여겼다. 또한 이를 실천하고자 부단히 노력했던 귀중한 모임이었다. 50년 가까운 세월이 지난 지금도 한울의 구성원들은 한울모임을 통해서 배운 신앙의 소중함을 깊이 간직하고 있다. 또한 지금도 여전히 공동생활을 통한 자기 헌신의 경험에 바탕을 두고 살고 있다. 그러나 한울공동체는 아직도 법원이 반국가단체로 판결한 상태 그대로 있다. 한울공동체는 지금도 공동체적 삶을 금지당하고 있으며, 법적으로 구성원들의 만남은 '반국가단체 구성원들의 회합'에 해당된다.

감추어진 것은 반드시 드러나기 마련이다. 한울공동체 사건은 이미 진상이 세상에 밝혀져 많은 사람들이 사건의 전말을 알고 있고, 가슴 아파하고, 또 미안해하고 있다. 그런데도 국가는 아직 족쇄의 열쇠를 틀어쥐고 풀어놓지를 않는다.

사회적으로나 교회적으로 한울공동체는 커다란 의미를 지니고 있다. 사회 변화를 지향하는 신앙 운동의 가치는 반드시 재평가되고 조명되어야 한다.

한울회 사건과 같은 국가권력에 의해 조작된 사건이 존재하는 한, 사회의식을 지닌 진보적 신앙 운동은 탄압받을 것이며, 이는 이 나라 대한민국에 종교와 신앙의 자유가 없다는 것을 의미한다.

교회의 갱신과 기독교 신앙의 쇄신을 위해서 진보적 신앙 운동이 활발히 전개되어야 한다고 외쳤던 이규호는 2021년 작고하였다. 이규호를 잃은 우리 교회와 사회는 미처 슬퍼하지도 못했다. 이규호는 하늘에서도 소리치며 묻고 있을 것이다.

> 누가 정치권력자들에게 정의와 평화의 하나님을 믿는 신앙마저 구속할 권한을 부여했는가?

이규호는 국가보안법과 사회안전법이 역사를 거스르는 반동적 법률이며, 인간의 존엄성을 짓밟고 인류마저 무시하는 악법이라고 규정했다. 그리고 국가보안법 안에 있는 포상제도는 인간을 팔아넘기는 인신매매성 법률이라고 비판했다.

국가보안법은 그 내용에 포상제도를 규정하고 있기 때문에, 경찰과 검찰은 무고한 사람들을 잡아다가 모진 고문을 가하여 반국가사범으로 날조하고 포상금을 타고자 하는 것이다. 명백한 범죄사실이 없어도 얼마든지 날조가 가능한 인간의 사상을 조작하여 수년 또는 평생토록 감옥살이를 시키는 것은 얼마나 간악한 인신매매인가? 정치 지배자들은 이를 민주 세력 탄압의 기회로 삼고, 그 하수인들은 이를 계기로 돈벌이와 승진의 기회를 얻는 것이다.

　한울모임의 회원들은 한울회로 조작된 사건을 경험하면서 인간의 신앙과 양심이 정치권력에 의해 얼마나 무참하게 묵살되는지를 뼈저리게 체험했다. 국가보안법이 얼마나 추악한 악마의 얼굴을 하고 있는지, 또 얼마나 비열한 하수인들을 고용하고 있는지도 똑똑히 보았다. 민주·평화·통일을 향한 민중의 대장정이 벌어지고 있는 지금, 희생자들의 숨은 진실들이 낱낱이 밝혀져야만 한다.

　이규호. 참으로 아름다운 사람이었다. 몸은 비록 불편하고 절대적 빈곤을 겪었으나 삶에 대하여 비굴한 적이 없었다. 사회적 소외감이 그의 몸과 마음을 병들게 하였으나 그는 외롭다는 말을 하지 않았다.

　교통사고를 당한 후에는 병이 더 깊어졌으나 신음 소리를 내지 않았다. 오히려 맑은 음성으로 사람들에게 위안의 말을 건넸다. 그는 맑고 순수했다. 진리를 탐구하는 공부를 한 번도 쉰 적이 없다. 옥고를 치르고 나서는 더 열정적으로 일했다. 더욱더 치열하게 대전 지역 기독교 단체의 민주화운동에 헌신하였다. 후에 그는 유대교 신비주의인 영지주의와 중세 신비주의 사상에 매료되어 연구를 계속하였다.

　그의 영혼은 파란 가을 하늘같이 맑고 순수했다. 그의 곁에 서면

영혼이 맑아졌다. 사람들은 그런 그에게 더 가까이 가려고 애를 썼다.

   그가 생전에 저술하고 번역한 작품들은 오랜 세월 묻혀 있었다. 이제 겨우 《나그함마디 문서》가 출간되었다. 그의 다른 저서들도 이어서 출간되리라.

   감옥에서 모진 구타와 고문이 없었다면, 한울모임이 건실하게 뿌리를 내리고 줄기와 가지를 뻗어 나갔다면, 그가 그렇게 오래도록 앓다가 세상을 떠나는 일은 없었을 것이다. 교통사고 후유증과 뇌졸중도 너끈히 극복했을 것이다. 그러나 그에게는 견딜 힘이 남아 있지 않았다.

   이규호, 그가 예순둘 젊은 나이에 우리 곁을 떠난 것은 참으로 안타까운 일이다. 사람들은 더 이상 그를 만날 수가 없다. 다시는 그의 온화했던 미소를 볼 수가 없다. 그의 나직했던 음성도 들을 수가 없다.

   눈물이 많았던 아름다운 사람 이규호, 우리들은 그가 그립다. 몹시 그립다. 그를 생각하면 눈물부터 내린다. 우리들로 하여금 눈물 나게 하는 눈물의 사람이다.

1973년 내 나이 5세 전 대식구 시절 가족사진 7장

값으로 따질 수 없는 손실

장수명

값으로 따질 수 없는 손실

 그날 아침, 그러니까 너에게 특별한 일이 일어난 그날은 이른 봄날 이른 아침이었지. 언뜻언뜻 부는 바람에는 아직 겨울이 들어 있었어. 그래도 벚나무와 개나리가 꽃을 피울 준비를 단단히 하고 있었어. 햇살이 하루 종일 드는 곳에는 보랏빛 작은 꽃들이 움찔움찔 피어나고 있었을 거야. 그날 너는 보았어. 커다란 이젤을 옆에 끼고 들판으로 그림을 그리러 나가는 반 고흐를. 처음 너에게 나타났던 규호 형이 그랬지. 규호 형은 네가 앉아 있는 곳으로 절룩절룩 걸어왔어. 너는 눈이 부셨어. 고등학교 미술 시간에 만났던 반 고흐를 대학 교정에서 만난 거지. 규호 형은 너를 향해서 환하게 웃었어. 그 웃음이 참 따뜻했지. 수줍음 많은 시골뜨기 너는 순간 가슴이 울렁거렸을 거야. 규호 형 손에는 이젤뿐만이 아니라 책 한 권이 들려 있었는데, 그 후에 너는 규호 형이 읽는 책들을 모두 다 읽게 되었지. 규호 형과 책들은 너에게 가장 친숙한 선생이자 벗이 되었어.

너는 규호 형을 따라서 '뻐꾸기 둥지'에 갔지. 너는 또 한번 감격했어. 청년들이 둘러앉아서 내면의 사사로운 이야기와 세상의 일들을 아무 거리낌 없이 자유롭게 이야기하는 것을 보고 너는 흥분했지. 예배를 드리고, 음식을 나누고, 모두가 서로를 진지하게 경청하는 곳에서 너는 환대를 받았어. 청년들은 고등학생들이 하는 이야기도 끝까지 들어 주었지. 정말 모두를 존중하는 곳이었어.

너는 매일 가정예배를 드리는 가정에서 자랐지만, 그래도 네 속에서는 궁금한 것이 많았고 갈증도 있었지. 너는 한울모임에서 궁금했던 것들을 하나하나 풀어갔어.

예수님이 마리아의 집을 방문했을 때 사람들이 예수님의 말씀을 듣고 음식을 나누는 모습을 너는 종종 그려 보곤 했었지. 한울모임의 분위기가 그와 비슷하겠다는 생각을 한 순간 너는 화들짝 놀랐어. 무척 기뻤어. 한울, 거기서는 모두가 선생이었고, 모두가 제자였어.

너는 한울모임 사람들이 참 좋았어. 그들은 선하고 다정했으며 학구적이었고, 놀라울 정도로 지식이 넘쳤고, 배우는 것에 큰 열심을 품고 있었지. 사람들은 너에게 다양한 사람들을 소개해 주었고,

너와 함께 보내는 시간을 즐거워했어.

한울모임은 대전과 서울에서 열리고 있었지. 어느 날 서울팀과 대전팀이 함께 모였고, 이날을 위해 모두가 함께 음식을 준비하고 프로그램을 준비했어.

박재순 선생님과 홍성환 선생님, 그리고 이충근 선생님의 제자들도 모였어. 대전의 청소년들과 서울의 청소년들이 함께 만난 거지.

박재순 선생님은 진지하고, 논리적이고, 분석적이면서도 매우 흥미로운 강연을 펼쳤어. 학생들은 숨소리도 안 내고 들었지. 홍성환 선생님은 아주 유쾌한 분이어서 우리 모두로 하여금 활짝 웃음을 터뜨리게 했어. 모두를 고요한 침묵으로 빠뜨리는 이건종 전도사님의 말씀도 참 매력이 넘쳤어. 네가 규호 형의 부탁으로 준비했던 '간디의 비폭력 평화운동'에 대한 이야기를 발표한 것도 무척 감명 깊었고 유익했어.

너는 그 아름다운 시간을 평생 품에 안고 있었지. 대성산의 풍경은 너에게 한 편의 동화처럼 각인되었어. 청소년들까지 참석했지만 시종일관 진지했던 분위기, 또 억압적인 독재체제에 대한 은근한 저항도 즐거웠지. 성경에 대한 다채로운 해석도 흥미로웠어.

대전 중리동에 있던 '뻐꾸기 둥지'는 공동체로서 손색이 없었어. 일요일 아침이면 예배를 드렸고, 누구든지 오가는 공간이었지. '뻐꾸기 둥지'에서는 서로를 믿을 수 있었어. 누구나 서로에 대해 솔직했고, 개방적이고 참 따스한 곳이었어.

시골뜨기인 네가 한울모임을 만나서 너의 정신세계를 새롭게 구축해 갈 수 있었던 곳, 한울모임은 너에게 커다란 행운이었고 기쁨이었지. 하지만 어느 날, 그 기쁨이 한순간에 사라졌어. 네가 사랑했던 국가가 너에게서 빼앗아 갔지.

년 지금도 생각나지? 고문을 많이 당한 규호 형과 하룻밤을 같이 지내게 되었지. 그날, 유난히 몸이 약했던 규호 형이 아기처럼 밤새도록 너의 가슴에 파고 들었어. 너는 규호 형을 안고 많이 울었지. 잠에서 깨어나 빛이 들어오는 지하실 창문 위쪽을 쳐다보니 거기에 아침햇살에 비친 초록빛 새싹들이 보였어. 그 순간 너는 결심했지.
'사람을 이토록 가혹하게, 비인간적으로 다루는 국가의 폭력에 대해서 끝까지 싸우겠다.'

1986년 제대 후에 복학 준비를 하던 너는 학생운동에 뛰어들 결심을 했지. 너는 더 이상 너의 미래를 생각하지 않았어. 너는 더 이상 취업도 생각하지 않았어. 너는 군에 복무하는 동안 많은 사회과학 서적을 읽었고, 이론도 하나하나 정리하면서 단단하게 준비했지. 그리고 너는 종횡무진 시위 현장을 뛰어다녔어. 너를 그렇게 만든 건 국가였지만 너는 언제나 무엇을 하든 빛나고 아름다웠어.

너는 지금도 가슴이 아프지? 대학 교정에서 꽃처럼 고운 모습으로 만났던 규호 형의 삶을 보면서 넌 많이 아팠어.

너는 여전히 규호 형이 그립지? 그래. 네가 날마다 규호 형의 놀라운 재능과 번뜩이는 생각들, 그리고 규호 형의 따스했던 미소를 그리워하고 있다는 것을 알아. 그래서 너의 고백은 참으로 눈물겨워. 이제 너의 고백을 여기 옮겨 보려고 해.

> 나의 삶에서, 나를 형성해 가는 여정 가운데 한울모임처럼 안전하고 따뜻한 곳은 없었소. 한울회 조작 사건보다 더 충격적이고 더 심각한 집단적 경험도 존재하지 않을 것이오.

한울모임과 국가권력에 의한 한울회 조작 사건, 이 두 가지는 너의 삶에 매우 큰 영향을 끼쳤어. 너는 알고 있지. 한울회 사건을 겪어낸 사람들 모두가 선과 아름다움과 진리를 추구하던 사람들이라는 것을. 그들이 모두 놀랍도록 지적이고 감성적이었다는 것을. 그래서 너의 단호한 고백은 자꾸 눈물이 나는 걸 참을 수가 없어.

> 홍응표라는 사람을 매개로 시작된 한울모임, 풍성한 열매를 맺기도 전에 국가 폭력으로 무산된 것은 값으로는 도저히 따질 수 없는 국가적 손실입니다.

굳센 마음으로

박재순

굳센 마음으로

우리는 어느 때 가장 기쁠까요? 언제 우리의 마음이 가장 좋을까요?

나는 평생 학자로 살아왔으니까 학문을 성취했을 때, 혹은 좋은 논문을 썼을 때 가장 기뻤을 거라고 생각할지 모르겠어요. 또 나의 강의를 듣고 깊이 감동하거나 열광하는 사람들을 보고 마음이 가장 좋았을 거라는 생각을 할 수도 있겠어요. 하지만 나는 좋은 사람을 만났을 때가 가장 기쁘고 마음이 들뜨는 것 같아요. 지금도 좋은 사람을 만나면 마냥 마음이 들뜨게 되거든요.

고맙게도 나는 정말 좋은 사람들을 많이 만났어요. 혼자서만 가만히 좋아하던 아내를 만나 결혼을 한 것은 내 인생에서 큰 선물이고, 또 좋은 스승들을 만난 것도 하나님이 주신 큰 복이지요.

1970년, 그때 나는 학생이었어요. 서울대학교 교양과정부 시절이었는데 공릉동 캠퍼스에서 네비게이토 선교회 대학생 전도 활동을 하던 홍응표 선생님을 만났어요. 그는 키가 조금 작고 수줍어 보이는 분이었어요. 권위나 형식을 싫어하였고, 자유롭고 진솔하게 이야기를 나누는 사람이었어요. 무엇보다도 남의 말을 잘 들어주는 장점이 많은 분이었어요. 그러나 나에게는 그저 바람이 지나가듯 잠깐 스쳐 간 사람에 불과했어요. 그런데 6년이나 지난 후에 홍응표 선생님을 다시 만났어요.

1976년 봄, 척추 수술을 받고 대전의 집에서 요양하던 중이었지요. 대전고등학교 동기생인 친구가 홍 선생님과 함께 찾아온 거예요. 홍 선생님의 방문은 무척이나 큰 위로가 되었어요. 그 당시 홍 선생님은 대전에서 네비게이토 선교회를 이끌고 계셨지요.

수술한 지 아홉 달 만에 간신히 걷게 되었을 때, 홍 선생님이 인도하는 예배에 참석했어요. 정말 아주 작은 모임이었어요. 고등학생도 있고, 대학생도 있고, 교사도 있었어요. 예배 공동체가 서툴고 빈틈이 많은 모임으로 느껴졌어요. 나의 앞날에 별로 도움이 될 것 같지도 않고 경제적으로도 도움이 될 수 없는 모임이었지요. 하지만 나는 그 모임의 매력에 빠지게 되었어요. 왜냐하면 그 작은 모임이 성경에 나오는 초대교회의 신앙공동체처럼 아름답고 소중하게 여겨졌으니까요. 어린 고등학생들과 대학생들과 교사들 모두 순수하고 진실한 생각을 가진 사람들이었어요. 그리고 그들의 심성이 맑고 따뜻했어요. 신앙에 대한 자세가 진지했고, 배움에 대한 열정도 깊었어요. 딱 한 번 예배에 참석했을 뿐인데 그들이 가지고 있는 좋은 기운들이 나를 행복하게 만들어 주었어요. 그런 사람들이 좋아서 나도 순수한 마음으로 모임에 참석하게 되었지요.

어느 정도 건강이 회복된 후에 한신대에서 신학 공부를 시작했어요. 그리고 1980년부터는 한국신학연구소에서 번역실장으로 일했지요. 방학을 맞아 대전 집에 내려올 때마다 홍응표 선생님이 이끄는 예배에 참석했어요.

예배 모임에 참석해서 설교를 하기도 했어요. 또 형제자매들과 함께 믿음과 신학을 나누기도 하고, 우리 사회의 여러 가지 문제들과 정치에 관한 이야기도 나눴어요.

특별히 기억에 남는 것은 여름 수련회와 겨울 수련회에 참여해서 설교도 하고 강의도 하였는데, 그때 나를 바라보던 학생들의 맑은 눈빛이 생각나고, 또 목마름이 해결되었다고 기뻐하던 형제들도 생각나요. 그들은 모두 앎에 대한 욕구가 강했고, 배고픈 아기가 엄마의 젖을 힘차게 빨듯 새로운 지식을 받아들였어요. 그런 회원들이 얼마나 기특하고 아름다웠는지 몰라요. 모두가 한결같이 믿음과 진리를 찾는 순수하고도 진지한 구도자처럼 보였어요. 그들에게서 이 나라의 밝고 빛나는 미래를 볼 수 있었지요. 희망도 보았어요.

한울모임 회원들은 서로를 믿고 존중하고 사랑했어요. 서로의 말과 생각에 귀를 기울였지요. 강의와 설교의 품값을 주고받는 일도 없이 서로 베풀고 나누면서 더불어 살기를 꿈꾸었어요.

한울모임이 뿌리를 내릴 즈음 안타깝게도 한국 사회는 정치적으로나 사회적으로 커다란 진통을 겪었어요. 18년 동안 군사정권을 지탱해 오던 박정희가 부하에게 죽임을 당하고, 전두환이 쿠데타를 일으켜 권력을 장악했죠. 그 과정에서 5·18 광주 민주화운동이 일어났어요.

올바른 정신과 정직함을 지닌 한울모임 회원들이 전두환 군사정권을 비판하는 것은 당연한 일이었어요. 또 광주 시민 학살에 어떻게 분노하지 않을 수가 있겠어요?

세상은 말할 수 없이 불안했고, 사방에서 옳지 않은 일이 벌어지고 있었죠. 그럴수록 한울모임 회원들은 더더욱 믿음을 돈독히 하면서 진리를 탐구했어요. 세상이 어수선할수록 한울모임 회원들은 더욱더 사랑을 베풀고 나누는 공동체를 열망했고 실천했어요.

한울모임의 청년, 대학생, 고등학생들이 모여서 군사정권을 비판한다는 정보가 대전 지역의 경찰 조직에 알려졌어요. 한울모임은 우리 국민이 처한 현실을 나누었고, 나라의 안정을 위해서 기도했을 뿐이었지만, 반정부 비판 세력을 소탕하는 일에 혈안이 된 경찰에게 한울모임은 좋은 먹잇감이 되었어요. 하지만 한울모임이 기독교 신앙공동체였기 때문에 경찰은 한울모임을 반국가단체로 엮을 만한 꼬투리를 잡기가 어려웠어요. 경찰은 한울모임 회원들 누구에게서도 꼬투리를 잡을 수가 없었지만, 포기하지 않았어요. 어린 고등학생들을 붙잡아다가 한 달 넘게 집에 보내주지 않고 가둔 채 협박했어요. 결국 한울모임의 선생님들이 간첩이고 빨갱이라는 거짓 진술을 날조해 냈지요. 하지만 학생들은 법정에서 강요와 협박에 의해 작성된 진술서라고 말했어요. 그날의 뭉클했던 순간을 나는 잊을 수가 없어요. 학생들은 다시 경찰에 끌려갔고, 다음 진술 때 학생들은 경찰이 요구한 대로 말했어요. 그때 초점이 없는 고등학생의 눈을 보고 정말 마음이 아팠어요. 할 수만 있다면 학생에게 달려가서 안아주고 싶었어요. 괜찮다고, 너희들의 잘못이 아니라고 말해주고 싶었어요.

끝내 나를 포함해서 여섯 명이 옥고를 치르게 되었어요.
몸이 약했던 나는 그때의 고문으로 40년이 넘는 긴 세월 육체적 고통을 견디며 살았어요. 그러나 지금도 그때 그 학생들을 생각하면 마음이 아파요. 어린 학생들, 참으로 순수했던 학생들이 평생 지울 수 없는 상처와 두려움을 안고 살았으니까요. 학생들은 자신들의 거짓 증언으로 인해 존경하고 따랐던 선생님들이 감옥에 갔다는 죄책감을 안고 살아야 했어요.
그 학생들은 길고도 긴 시간 얼마나 힘들었을까요?

얼마나 세상이 무서웠을까요?

그들은 배움에 목말랐던 학생들이었어요. 자신들을 믿음과 사랑으로 이끌어준 선생님이라는 것을 잘 알고 있던 학생들이에요. 그런 학생들에게 공권력은 선생님들이 빨갱이, 간첩이라고 거짓 증언을 하도록 겁박했던 거예요.

국가의 공권력은 믿음과 사랑으로 정직하고 정의롭게 살고자 하는 청년들을 반국가 사범으로 날조하고 감옥에 가뒀어요. 평생 반국가 사범의 낙인을 안고 살게 만들었어요.

긴 세월이 지났지만 한울회 사건은 반드시 바로 잡혀야만 해요. 너무나도 늦었지만, 국가는 잘못했다고 엎드려서 사과해야만 해요.

한울회 사건 관련자들은 〈제1차 진실화해위원회〉에 조사 신청을 하지 않았어요. 새삼 조사할 필요도 없이 한울회 사건은 당연하고 명백하게 무죄라고 생각했고 정부로부터 민주화운동 관련자로 표창을 받았기에 굳이 진상조사를 할 필요가 없다고 생각했어요. 아무라도 조금만 관심을 가지고 한울회 사건을 들여다보면 한울회 사건이 날조된 엉터리 사건임을 알 수 있을 거라고 확신했어요.

2010년경 서울고등법원에 재심을 청구했어요. 우리는 재심을 통한 사법부의 무죄판결을 의심하지 않았어요. 그러나 4~5년을 미룬 끝에 법원은 재심을 허락하지 않는다는 판결을 내렸어요. 대법원에 상고했더니 대법원은 계엄법 위반은 무죄지만, 국가보안법은 여전히 유죄로 원심파기 환송 결정을 하고 고등법원에서 그대로 판결이 났어요. 이것은 모두 박근혜 정부와 양승태 대법원장 시절에 이루어진 일이지요.

〈제2차 진실화해위원회〉가 가동이 되었을 때 우리는 한울회 사건의 진실 규명 신청을 했어요. 2023년 12월 12일 〈제2차 진실화해위원회〉에서 한울회 사건에 대하여 "불법구금, 폭행, 고문, 가혹행위, 및 진술 강요 등 중대한 인권침해를 당한 것으로 판단"하고 해당 국가기관들이 "사과하고 화해를 이루는 적절한 조치를 취하는 것이 필요하다"라면서 재심을 권유하였어요. 그래서 다시 서울고등법원에 재심을 신청하였지만 아직까지 재심을 허락하지 않고 있어요. 애타게 기다리고 있지만 아무런 소식도 없이 시간만 흘러가고 있어요.

한울모임 회원들은 재심을 통해 한울회 사건의 무죄판결이 이루어지기를 간절히 기다리고 있어요. 한울회 사건의 무죄판결이 곧 사법적 정의를 실현하는 일이니까요.

국가 폭력에 의해 재판을 받고, 옥고를 치르고, 평생 반국가단체 구성원이라는 낙인을 안고 사는 형제들이기에 민주시민으로서 명예 회복은 너무나도 필요하고, 또 매우 시급한 일이랍니다.

안타깝게도 이규호 형제가 끝내 빛을 보지 못하고 세상을 떠났어요.

만약 이규호 형제에게 국가가 평생 깊은 상처가 된 국가 폭력에 대해 용서를 빌었다면 저세상으로 건너가던 그가 덜 아프고, 덜 외로웠을 거예요.

비단 그뿐이 아니지요. 당시 어린 고등학생들에게 경찰과 검사의 위협과 협박뿐만 아니라 학교의 압박과 의혹도 너무나 컸어요. 친구들과도 멀어졌지요. 가족들은 또 얼마나 두려워하고 걱정했을까요? 모두가 말할 수 없는 고통을 겪었고 치유할 수 없는 상처를 입었는데, 도대체 그 일들을 어디에 가서 하소연할 수 있을까요?

우리가 말하고 행동한 것이 도덕적으로나 사회 정치적으로 잘못되었다고 생각하지 않아요. 그러나 우리들에게는 학생들을 고난의 길로 몰았다는 깊은 죄책감이 있어요. 학생들은 물론 그 가족들에게도 너무나 미안하지요.

우리는 아직 그 당시의 학생들과 마음을 열어놓고 응어리진 상처를 풀어볼 공적인 자리를 마련하지 못했어요. 재심을 통하여 무죄판결을 받았다면 국가와도 자연스럽게 화해하고 용서하면서 맺힌 마음을 풀었을 거예요. 하지만 아직도 무죄판결을 받아내지 못하고 있어요. 그래서 나는 아직 공산당, 빨갱이라는 낙인을 지우지 못했어요.

우리 모두는 한울 사건을 정면으로 깊이 들여다보려고 하지 않았어요. 왜냐하면 그건 너무나 고통스러운 일이니까요. 만약 누군가 용기를 내어서 꺼낸다면 그 당시와 똑같은 공포에 몸서리칠 거예요.

우리는 한울모임이 얼마나 중요한지 알아요. 한울모임의 그 아름다운 시간들이 우리들의 삶에 얼마나 큰 영향을 끼쳤는지도 알고 있어요. 성경 공부와 예배가 중심에 있었지만, 기독교 울타리를 넘어 동서양의 경전과 고전을 읽었어요. 현대 과학과 심리학을 공부했고, 철학 서적을 함께 읽으면서 토론했고, 공동체에 대한 글도 두루 읽었지요. 성경 공부를 할 때도 자유로웠던 우리는 서로 베풀고 나누는 공동체 생활에 큰 기쁨을 느꼈어요.

한울모임에서는 나이가 어린 학생이나 나이 든 사람이나 모두 자유롭고 평등하게 말하고 토론했어요. 서로의 말에 귀를 기울였어요. 누구도 독선적인 권위나 권력을 휘두르지 않았어요. 모임 가입과 탈퇴를 강요하는 일도 일어나지 않았어요.

믿음과 사랑의 열정을 가지고 생각하고 공부하며 참을 찾는 사람들, 바로 우리 한울모임 회원들이었어요. 서로 베풀고, 나누고, 사귀는 자유롭고 느슨한 그물망을 이루고 있었죠. 누구든 모이자고 말하면 모였어요. 또 만나자고 하면 함께 만났지요. 서로가 보고 싶으면 찾아가고 찾아오는 느슨하고 여유로운 모임이었어요. 그렇게 우리들은 깊은 믿음과 높은 학문을 찾아 공부하는 공동체였지요. 비록 실패와 좌절로 끝났지만 한울모임에서 사귄 사람들 모두가 소중했고, 한울모임에서 배우고 알고 깨닫게 된 가치들을 평생 마음에 품고 살았어요.

참으로 아름다웠던 우리들의 한울모임이 시도하고 실험했던 일들이 새로운 교회, 새로운 교육, 새로운 생활철학을 형성하는 데 밑거름이 되는 날을 오늘도 꿈꾸고 있어요. 또한 한울모임의 이야기가 모두의 마음속으로 흘러가는 날도 곧 올 거라고 나는 굳센 마음으로 믿어요.

2002년 5월, 종로5가에서. 좌로부터 이종근 이선웅 홍성환 신재수 김영 편 장수평

한울은 내 삶의 마중물

임만연

한울은 내 삶의 마중물

연이는 엄마와 둘이서 살았지만 심심하지 않았다. 시끌벅적 식구들이 많은 친구가 살짝 부러울 때도 있었지만, 연이에게는 모든 것이 친구였다. 마당 끝 커다란 감나무에 내려앉는 햇살도 친구였고, 가끔 가지를 흔들어대는 바람도 연이에게는 친구였다. 연이가 햇살 혹은 바람에게 건네는 말들은 시가 되었다. 때때로 기도가 되기도 했다.

마을 이장이 연이네 집 마당에 들어서서 헛기침을 했다. 연이는 샘에서 물을 푸고 있었고, 엄마는 저녁밥을 지으려고 아궁이에 막 불을 지피려던 참이었다.

"연이 엄마, 신학교 갓 졸업한 전도사가 묵을 집을 찾고 있어요.

그런데 전도사를 들이겠다는 집이 없네. 연이네가 방을 하나 내줄 수 있겠소?"

순간 연이 엄마의 얼굴이 환해졌다.

"누추한 우리 집이어도 괜찮다면 오라고 하세요."

이장은 전도사가 머물 집을 구하느라 이 집 저 집 다녔었는지 연이 엄마의 대답에 함빡 웃음을 머금었다.

"연이 엄마가 허락할 줄 내가 짐작했소. 우리 마을에는 교회에 다니는 집이 연이네 뿐이니 연이네 말고는 젊은 전도사를 받아줄 집이 어디 있겠소?"

연이네 집에서 살게 된 젊은 전도사, 그의 이름은 조덕형이었다. 그는 손재주가 좋은 사람이었다. 모녀가 사는 집은 여기저기 손볼 곳이 많았고, 고장이 나서 사용을 못하는 물건들도 많았다. 조 전도사는 집안 살림살이를 눈여겨보다가 이런 저런 장비를 동원해서 뚝딱뚝딱 고치곤 했다. 비뚤어져서 닫히지 않는 문을 잘 닫히도록 고쳐놓는가 하면, 한 해 전부터 아예 사용할 수 없었던 수레도 고쳐놓았다. 덕분에 연이 엄마는 추수한 작물들을 손쉽게 나를 수 있었다. 연이 엄마는 김장철에 밭에서 거둔 배추와 무를 수레에 실으면서 조 전도사를 하나님이 보내주신 선물이라고 생각했다. 조 전도사는 연이가 사용할 수 있도록 책상과 의자를 만들었고, 다리가 부러진 밥상도 고쳐놓았다. 그뿐만이 아니었다. 조 전도사는 연이 엄마를 자신의 어머니 대하듯 했다. 그런 일들이 아니어도 연이 엄마는 목회자를 하늘처럼 생각하는 사람이라 조 전도사를 대하는 일에 정성을 다했다. 그렇게 서로를 극진히 위하고 존중하면서 사는 동안 조 전도사는 목사 안수를 받았다.

연이에게는 엄마가 교회를 열성으로 섬기는 일과 관련해서 잊히지 않는 기억이 있다. 연이 엄마는 성탄전야 예배를 다녀오면 잠을 자지 않았다. 쌀가루, 팥고물, 늙은 호박고지와 흑설탕을 시루 가득 켜켜이 채워서 밤새도록 정성스럽게 호박고지 떡을 쪘다. 연이는 떡이 익는 것을 기다릴 수가 없었다. 연이는 쿨쿨 잠이 들고, 시루떡이 익어가는 달달한 향기가 연이의 코끝을 간질이곤 했다. 연이는 꿈속에서 시루떡을 한 입 크게 베어 물기도 했다.

하나뿐인 딸 연이지만 엄마는 시루떡 한 조각도 연이를 주기 위해 떼어놓지는 않았다. 엄마에게 시루떡은 예수님께 드리는 예물이었다. 엄마는 아침 일찍 시루째 뚝 떼서 머리에 이고 40분이나 걸리는 교회까지 걸어갔다. 먹을 것이 그리 변변하지 않은 시골에서 연이 엄마가 만들어 온 호박고지 팥시루떡은 교인들에게 너무나도 맛난 성탄 선물이었다. 성탄 예배를 마치고 둘러앉아 시루떡을 먹는 교인들의 웃음소리는 소복소복 쌓인 겨울눈처럼 포근했고, 어느 사이엔가 예수님도 그 자리에 와서 하하하 웃으시는 것 같았다.

연이 엄마는 조 목사뿐만이 아니라 조 목사의 친구나 후배들이 찾아와도 조 목사를 대하듯 정성을 다해서 밥상을 차렸다. 푸성귀가 전부인 밥상을 받고서도 맛있게 먹는 모습을 보면 엄마는 몹시 미안해하면서도 기쁜 마음을 감추지 못하고 함빡 웃었다.

연이네는 살림이 넉넉하지 않았다. 연이 엄마가 혼자 이런저런 일을 해서 살림을 꾸려가고 있으니 궁색함을 벗어날 길이 없었다. 그런데도 머리에 무거운 짐을 이고 팔러 다니는 사람이라도 볼라치면 그냥 보내지 못했다. 늦은 날은 잠을 재워주고, 따뜻한 밥을 지어서 고봉으로 꾹꾹 퍼 담아 대접했다. 연이는 그런 엄마의 모습을 보면서 자신의 마음속에서 무언가 꿈틀꿈틀 자라고 있는 것을 느꼈다. 하지만 연이는 자신의 마음속에서 자라고 있는 그것이 무엇인지 몰랐다.

연이네 집에 살던 조 목사를 신학생 김종생과 이규호 선배, 그리고 한울모임 사람들이 자주 찾아왔다. 홍응표 선생이 다녀간 적도 있었다. 그런 날엔, 누추했던 연이네 집이 환하게 빛이 났다.

연이 엄마는 먼 거리인데도 한울모임 청년들이 조 목사를 찾아오는 것이 무척 기쁘고 고마웠다. 한번 다녀갈 때마다 식사를 대접하느라 힘들 텐데도 언제 또 오나 목을 빼고 기다렸다. 연이 엄마는 한울모임 사람들을 사랑하는 마음이 컸고, 어느새 그들을 존경하는 마음으로 가득했다.

연이의 집에서 한울모임이 열리기라도 하면 엄마는 무척 기뻐하면서 참을 준비했다. 엄마가 준비할 수 있는 것이라고 해야 김치전이나 수제비, 혹은 고구마를 삶는 것이 전부였지만 회원들은 엄마가 내놓는 간식을 맛있게 먹었다.

연이 엄마는 하나님에 대한 믿음이 깊고 사람을 좋아했다. 사람을 만날 때는 계산 같은 것은 전혀 하지 않았다. 어떻게라도 도움이 되고자 애를 썼다.

한울모임에 대해 연이 엄마의 믿음이 얼마나 단단했던지 사건이 생긴 뒤에 경찰이 찾아와서 으름장을 놓아도 눈 하나 깜빡하지 않고 의연하게 대했다. 집안을 뒤지며 온통 어지럽혀도 한울모임 형제들을 걱정하며 기도할 뿐 조금도 원망하는 마음이 없었다.

연이는 책 읽는 것을 좋아했다. 연이의 눈은 늘 책을 찾았다. 연희의 눈에는 예쁜 새 운동화가 보이지 않고, 하늘하늘한 원피스도 보이지 않았다. 연이의 눈은 책만 찾고 있었다. 그런 연이를 알아본 초등학교 선생님은 연이가 읽을 책들을 가져다주었다. 중학교에 들어간 후에는 도서관 사서를 자원해서 실컷 책을 읽었다.

열심히 책을 읽고 있는 연이의 모습을 발견한 조 목사와 신학생 김종생은 연이가 기특했다. 연이를 자신들의 대화에 참여하도록 했다. 두 사람은 연이의 이야기를 들어 주었고, 자신들이 나누는 대화에서 연이가 어렵지 않도록 신경을 써 주었다. 연이는 가슴이 뛰었다. 어른들과 나란히 앉아서 위아래 구분 없이 평등하게 대화를 나누는 동안 자신이 한 인격으로 존중받고 있다는 벅찬 감동이 밀려오곤 했다. 밤새도록 이야기를 나누어도 졸리기는커녕 정신이 더 맑아지고, 가슴은 중요한 무엇인가로 가득 채워지는 것을 느꼈다.

그러던 중 연이는 서울 은방울미술학원에서 열렸던 한울모임의 겨울 수련회에 참석하게 되었다. 수련회를 마치고 시골집으로 돌아가던 연이의 가슴은 벅차올랐다. 서울에서 기차를 타고 옥천까지 가고 옥천에서 다시 버스를 타고 30분쯤 간 다음 20분 정도 걸어야 집에 도착하는 그 먼 길이 조금도 지루하지 않았다.

연이는 한울모임의 겨울 수련회를 통해서 진지하고도 넓은 세상을 경험했다. 수련회에서 만난 동년배 친구들도 좋고, 선배들이 발표하는 내용도 참 좋았다. 물론 연이가 다 알아들은 건 아니었다. 연이는 선배들의 강의를 듣고, 토론하고, 진지하게 이야기를 나누는 것이 좋았다. 어떤 어른도 학생들을 무시하는 발언을 하지 않았고, 학생들이 하는 이야기를 끝까지 경청해 주었다. 학교와 무척 다른 모습이었다. 학교에서는 경험할 수 없는 시간이었다. 마음이 한없이 출렁거리고, 한 인격으로 존중받는 느낌이 참으로 근사했다.

연이는 주말마다 한울모임에 가고 싶었다. 하지만 그럴 수가 없었다. 한울모임에 다녀오려면 집에서부터 왕복 여섯 번의 버스를 타야 했다. 걸리는 시간이야 버스 안에서 책을 읽으면 되지만 비용이 문제였다. 교통비는 엄마에게 큰 부담이었다. 하지만 엄마는 연이를 한울모임에 보내주고 싶어서 버스비를 마련해 주었다. 엄마가 애써 마련해 준 차비를 들고 대전에 갈 때면 연이는 신이 나서 혼자서도 벌렁벌렁 웃곤 했다. 장시간 버스를 타고 가는 동안 반짝반짝 별이 빛나듯 설레던 연이의 마음. 하지만 엄마가 버스비를 마련하지 못하는 날이 더 많았다.

한울로 향한 마음이 장마철 물꼬처럼 터졌던 연이. 매주 참석을 못하다 보니 연이의 마음은 애가 타 전전긍긍했다. 그래서 한번 참석하게 되면 매순간 집중해서 한마디도 놓치지 않으려고 애를 썼다. 때때로 막차 시간이 지나도록 강의가 끝나지 않으면 연이는 눈을 질끈 감았다.

'먼 길을 밤새도록 걸어가더라도 강의는 끝까지 들어야 해.'

막차를 놓쳐 신학생 김종생의 부모님 댁에서 폐를 끼치기도 했다.

한울모임에 참석하고 집으로 돌아가는 길이면 연이는 쿵쿵 뛰는 가슴을 지그시 누르곤 했다. 어느 때는 몸이 떨리는 충격에 눈물을 흘릴 때도 있었다. 연이는 선배들의 강의와 주장을 마음속 깊이 새겨 넣으며 다짐했다.

'하나라도 잊어버리면 안 돼.'

한울모임에 참석하며 연이는 《진리를 찾아서》(간디), 《소유냐 삶이냐》(에리히 프롬), 《예언자》(칼리 지브란), 김교신의 글, 《후세에의 최대 유물》(우치무라 간조) 등 많은 책들을 접했다. 특히 《서머

힐》은 연이를 충격에 빠뜨렸다. 연이에게는 책을 읽어서 만나는 새로운 지식들이 참 중요했다. 한울모임에서 경청하며 배우는 동안 접하게 된 새로운 가치관들은 놀라운 충격과 감동이었다. 특히 이건종 목사의 성경 말씀 강의는 정신을 바짝 차리고 들어야 했다. 이건종 목사는 성경 말씀을 깊이 있게 풀어나갔고, 큰소리나 반복이 없었다. 시종일관 조용하고 진지했다. 강의를 맡은 다른 선배들 역시 본인들의 말뜻을 제대로 이해하였는지 묻고, 살피고, 의견을 들으면서 공부를 이끌어주었다. 선배들의 이런 방법은 매우 특별했다. 각자의 존재를 하나하나 확인시켜 주는 느낌이었다. 또래 친구들과 의견을 나눌 수 있는 것도 연이의 마음을 들뜨게 했다. 선배들은 본인들의 공부를 할 시간도 부족할 텐데 어린 고등학생들에게 하나라도 더 말해주고 싶어 했다. 선배들은 아낌없이 열정을 쏟았다. 연이는 낯설고 새로운 것이 밀려드는 느낌에 가슴이 뜨거웠다.

연이는 이규호 선배가 들려주는 예수님의 이야기를 들으면서 삶의 방향이 자신도 모르는 사이에 바뀌었다.

"기독교는 그냥 기독교가 아니라 자신의 삶을 바꾸는 신앙이어야 한다. 예수를 알고 믿게 되면 자신의 인생을 바꾸게 되고, 예수를 따르는 삶에는 커다란 갈등과 고통이 따르게 된다."

이규호 선배는 강의 도중에 고백했다.

"나는 예수를 알게 되면서 더 고통스러워졌다."

중리동의 '뻐꾸기 둥지'에서 이규호 선배가 준 글은 연이로 하여금 많은 고민을 하게 만들었다.

    그대의 부는 그대가 아니다.
    그대의 학식도 그대가 아니다.
    그대의 미모도 그대가 아니다.
    그대의 선행도 그대가 아니다.
    그대는 누구인가?

연이는 순간 절망했다. 그리고 오래 생각했다.
'다른 것이야 원래 내게 없었으니까 내가 아니라고 해도 좋은데, 내가 될 수도 있는 선행까지도 아니라고 하면 대체 어디에서 나를 찾을 수 있는 것일까?'

이규호 선배의 말은 일생 동안 연이의 중심을 관통했다. 나이를 먹으면서 종종 이 물음을 꺼내 들고 물끄러미 들여다보았다. 그리고 제법 인생의 풍파를 겪으면서 살았다고, 이젠 답의 근사치를 좀 알 것 같다는 생각도 했다. 하지만 거기에서 더 지나고 보면 그게 또 아니라는 생각이 들었다. 그럴 때면 번민에 싸였고, 그러다 자각하곤 했다. 그 물음은 일생을 통하여 정답이라고 믿고 생각하는 것을 앞에 놓고 그것을 살아가는 것이라고, 그렇게 살아가야 한다고. 어느 시점에선가 자신의 삶에 붙일 수 있는 이름에 대하여 생각해

보라는 뜻으로 받아들였다.

한울모임이 갖고 있는 매력에 한없이 마음을 준 연이는 매주 참석할 수 없는 것이 안타까웠다. 안타까운 마음을 채우느라 열심히 공부했다. 더 많은 책들을 읽으려고 애를 썼다. 더 많은 생각들을 하느라 자주 노을을 바라보았다. 어둠이 내리는 산을 오래도록 바라보곤 했다.

고등학교 3학년이던 1981년. 학교에 가는 산길을 내려가다 보면 어느새 진달래 분홍빛이었던 4월 말쯤의 어느 날, 연이는 담임선생님이 불러서 교무실에 갔다. 형사가 기다리고 있었다. 형사는 연이에게 물어볼 것이 있다고 말했다. 연이는 형사를 따라 대전경찰서로 갔다. 이미 선배들과 친구들이 경찰이 원하는 결론을 인정하게 만든 후였다. 연이는 차비가 없어 한울모임에 자주 참석을 못했던 터라 선생님과 선배들, 그리고 친구들이 잡혀간 것을 모르고 있었다.

경찰은 연이에게 겁을 주며 말했다.

"너희 고등학생들은 모르고 있었겠지만, 너희 모임은 공산주의자들이 만든 모임이고, 특히 이규호가 주범이다."

놀라서 눈을 둥그렇게 뜬 연이가 소리를 질렀다.

"아니에요, 잘못 아신 거예요."

경찰은 화를 내며 말했다.

"이규호가 주장하는 것이 공산주의를 하자는 거야."

"아니에요. 누구도 공산주의를 말한 적이 없어요. 공산주의 하자고 했으면 모임에 나가지 않았을 거예요."

연이가 눈을 부릅뜨며 말하자 경찰은 오히려 기가 막힌다는 듯이 말했다.

"벌써 다 사실대로 불었어."

"그럴 리가 없어요. 이규호 선배님이 말한 공동체는 기독교 신앙을 바탕으로 한 초기 기독교 공동체를 말하는 건데, 그렇다면 공산주의에서도 종교를 인정해 주나요?"

연이의 당찬 질문에 경찰은 한참 눈을 껌뻑거리다가 소리쳤다.

"처음부터 공산주의를 하자고 하는 사람이 어디 있냐? 모르는 사이에 점점 물들어 가는 거야."

경찰은 연이에게 다시 물었다.

"풀무원에서 군부독재니 부정축재니 하는 말 들었지?"

"풀무원 수련회에는 갔지만 그런 말은 하나도 못 들었어요."

연이는 "모른다", "못 들었다", "아니다" 하고 일관되게 말했다. 형사가 자술서 종이를 내밀었다.

"가담 정도가 약해서 보내주는 거니까 자술서를 써라."

형사는 자술서에 들어갈 내용을 정해 주었다. 자술서 내용에는 '앞으로 모임 누구에게서 연락이 오면 신고할 것이다', '이규호가 학생들 모임을 주도했다' 따위의 내용이 들어 있었다. 연이는 '주도'라는 말이 싫었다. 그래서 이규호가 모임을 '지도'했다고 썼다. 신고할 거라는 말도 쓰지 않았다. 형사는 자술서를 보더니 눈을 부릅뜨며 말했다.

"'지도했다'를 '주도했다'라고 고치고, '신고하겠다'라고 써야 집에 보내준다."

연이는 두 눈을 동그랗게 뜨고 분명한 어조로 말했다.

"'지도'와 '주도'라는 단어의 뜻이 분명히 달라서 '주도'라고 쓰면 안 될 것 같아요. 그래서 저는 '주도'라는 단어를 쓸 수가 없어요. 그리고 '신고하겠다'는 말도 쓸 수가 없어요. 대신 모임에 안 나가겠다고 쓸게요."

"너 그러면 집에 못 간다."

"집에 못 가도 그렇게는 쓸 수 없어요."

집에 못 가도 경찰이 요구하는 대로 쓸 수 없다고 말하는 연이를 경찰은 혀를 끌끌 차며 핀잔했다.

"너 참 고집이 세구나. 한 글자만 바꾸면 되는데, 생각이 왜 그렇게 전근대적이냐? 너 참 융통성이 없는 애구나. 그만 집에 가라."

그 이후 경찰은 연이를 부르지 않았다. 하지만 여러 차례 경찰은 불쑥불쑥 학교에 찾아오고, 집으로도 찾아왔다. 연이가 무엇을 하고 있는지, 모임의 누구를 만났는지, 누구에게 연락이 왔는지를 물었다. 경찰은 연이 엄마에게는 '연이가 모임에 가지 못하게 해야 한다'는 말을 하고, '연이가 모임 사람들을 만나서도 안된다'고 말했다.

경찰은 연이를 집으로 보냈지만, 더는 연이를 부르지 않았지만, 연이는 밥을 먹을 수가 없었다. 한울 회원 모두가 큰 고생을 하고 있는데 자신만 너무 편안하게 학교에 다니고 있는 것이 견딜 수 없었다.

연이는 선배들을 위해 아무것도 할 수가 없어서 괴로웠다. 배신자가 된 것 같아 자신을 책망했다. 연이는 어머니 모르게 단식을 했다. 마침 이규호를 아는 충남대학교 학생들이 교생실습을 나왔다. 이규호를 알고 있던 교생이 연이에게 말했다.

"나중에 다시 만나게 될 거다. 단식을 중단하고 학교생활을 열심히 하자."

'이규호'라는 이름을 아는 사람을 만나자 연이는 비로소 숨이 쉬어졌다. 연이는 더 열심히 공부하기로 작정했다. 아니, 교정 공무원이 되어서 선배들 가까이 가기로 결심했다. 그리고 다시 한울모임이 만들어지면 빠지는 일 없이 참석하기로 마음 깊이 다짐했다. 자신도 누군가에게 선배가 되고, 또 누군가에게 깊은 영향을 주게 될 거라는 꿈을 꾸었다.

그 후 연이는 많이 아팠다. 한울모임 선배들이 한 평도 안 되는 독방에서 고통스럽게 지낸다는 이야기를 듣게 되자 교정 공무원이 되겠다는 꿈이 더욱 단단해졌다.

　시간은 성큼성큼, 때로는 아주 느릿느릿 지나갔다. 교정 공무원이 된 연이는 시국사범들에게 마음이 갔다. 결연한 투지의 얼굴을 한 여학생의 좁은 일상을 들여다보는 것이 마음 아프기도 했고, 독방 문을 여닫거나 운동을 시키거나 혹은 면회를 시킬 때는 그 자리에 있었을 한울의 선배들을 더듬더듬 그려 보며 만 가지 생각이 물결치기도 했다.
　한울 선배들을 생각하며 선택한 직업이었지만, 순간순간 행형(行刑)과 양심의 간극을 느꼈다. 지극히 인간적인 동정심으로 고민하는 순간들도 잦았다. 교도관이란 직업이 무겁고 두려웠다. 직업에 익숙해지지 않았다. 교도관으로 일하면서 한시도 한울을 잊은 적이 없었다.

　어느덧 시간이 흐르고, 연이는 공직에서 퇴직했다. 하지만 한울이 꾸던 꿈은 아직 연이 가슴에 있다. 한울이 꾸던 꿈은 연이 가슴에서 꽃으로 피어났고, 40여 년의 세월이 흐르는 동안 아름드리나무가 되었다. 한울과 연이는 한 몸이다. 한울이 연이에게 남긴 것은 영원한 것들이다.
　하나같이 똑똑하고 전도양양했던 한울모임의 회원들, 만약 조덕형 목사와 김종생 목사가 연이네 집에 오지 않았다면 연이는 어떻게 살았을까? 연이가 한울모임을 만나지 않았다면 연이는 어떤 생각을 가슴에 품고 인생의 파도를 건너가고 있었을까?

한울과의 만남은 너무나도 짧았다. 그러나 연이는 한울에서 배운 대로, 공감한 대로, 느낀 대로 살고 있다.

연이는 잊지 못한다. 마음속 깊은 곳 맑은 샘물을 길어 올릴 수 있는 마중물 한 바가지를 연이에게 건네준 한울모임을.

연이는 한울의 마중물 한 바가지가 길어 올려 주는 맑은 샘물로 먼지가 앉을 때마다 얼굴을 씻는다. 갈증을 가라앉힌다. 소망이 사라지면 한울이라는 마중물 한 모금 마시고 기운을 차린다. 그 세월이 어느덧 40여 년이다.

연이의 한울에는 엄마가 또렷하다. 스산하고 고단한 생의 한가운데 있던 엄마에게 어느 누가 그보다 더한 위로와 기쁨을 선물해 줄 수 있었단 말인가. 연이는 엄마에게 말할 수 없이 큰 선물이었던 조덕형 목사와 김종생 목사가 늘 친근하다. 만나지 못해도 다정한 마음이다. 특별히 몸이 약한 이규호 선배에게 각별한 마음을 가졌던 엄마다. 아니, 엄마는 한울의 모든 사람을 존경하고 사랑했다.

한울을 한없이 귀하게 여기셨던 연이 엄마, 엄마만큼 한울을 자랑스럽게 여기면서 한울을 평생 가슴에 품고 살아온 연이. 연이는 지금도 한울이 자신에게 준 새롭고 놀라운 여정의 꿈을 끌어안고 산다. 한울을 처음 만나고 집으로 돌아오던 날, 몸을 떨며 감격했던 순간도 고스란히 기억한다. 연이가 나지막한 음성으로 말한다.

"한울이 아니었다면 나의 인생은 너무나 보잘것없었을 거야."

오늘도 연이는 한울이 너무 그립다. 연이는 한없이 깊어진 마음으로 질문한다.

"한울모임은 언제 다시 시작될까?"

"독재 권력의 조작으로 처참히 부서지고 깨어졌던 우리들의 꿈은 언제쯤 다시 복원될까?"

2005년, 하남 홍응표 선생님 댁을 방문하고 한강 변을 산책하다.
좌로부터 이건중 임세영 홍성환 홍응표 선생님 홍세영 선생님 신인수 이충근

그날의 진실을 알고 싶다

김동전

그날의 진실을 알고 싶다

　한울회 사건 당시 검찰 측 증인으로 나갔던 김동전. 그때 김동전은 고등학생이었다. 그런데 김동전에게는 그때의 기억이 없다. 자신이 어떤 내용으로 검찰 측 증인이 되었는지 기억하지 못한다. 그래서 그는 한울회 사건 재판 당시를 정확하게 기억하고 있는 사람이 있다면 자신이 어떻게 증언을 했는지 듣고 싶다. 혹 자신이 불리한 증언을 했다면 이제라도 용서를 구하고 싶다. 김동전이 기억하는 것은 법정에서 포승줄에 묶여 있던 홍성환 선생님과 이규호 형의 모습뿐이다.

　어린 김동전에게 홍성환 선생님은 정말 멋진 분이었다. 선생님의 콧날은 오똑했고, 늘 소리를 내어 활짝 웃었다. 선생님이 파안대소

하는 모습을 보면 공부에 대한 중압감이 사라지고 마음이 편안해졌다. 선생님의 수업은 활기가 넘쳤고, 졸거나 딴생각하는 아이들도 없었다. 시험이 끝나면 선생님은 학생들과 같이 나가서 축구를 하고, 학생들에게 툭툭 장난을 치고, 재미있는 이야기도 들려주었다.

아이들은 홍성환 선생님을 몹시 좋아했다. 그런 선생님이 서울로 전근 갈 때는 대전의 하늘 한 모퉁이가 뚝 떨어져 나가는 기분이었다.

김동전은 자신이 어떻게 해서 한울모임에 가게 되었는지 그 기억도 없다. 또 왜 그만두었는지도 생각이 나지 않는다. 그러던 어느 여름날, 선생님 댁 포도밭에 놀러 갔다가 책을 읽고 토론하는 모임을 다시 해보는 것이 어떻겠냐는 선생님의 제안을 받고 복수동 이규호 형의 집을 찾아갔다. 그렇게 다시 이어진 한울모임이었다.

김동전은 함께 했던 사람들의 이름을 기억한다. 그 이름들은 지금도 김동전의 낡은 수첩에 기록되어 있다. 박재순, 이규호, 이건종, 김종생, 이동진 등 형들이 있었고, 이름을 적어놓지 않았던 몇 명의 누나들이 있었다. 그리고 민주(가명), 정하, 미혜, 만연, 윤숙, 현숙, 정묵, 규현, 건주, 상묵, 영익, 영철이가 있었다.

김동전은 서울 은방울미술학원과 양촌교회를 기억한다. 또 학하리에서 무수한 별 무리의 축복을 받으며 진행된 캠프파이어가 생각난다. 그날 밤은 너무나 아름다웠고, 행복했다. 노래를 불러도 행복했고, 이야기를 들어도 행복했고, 침묵 속에 있어도 행복했다. 그날, 김동전은 한밤중에 홀로 나무에 기대어 오래도록 기도하였다. 지금도 그때를 생각하면 김동전의 마음속에 기쁨이 가득해진다.

김동전은 학교에서는 배우지 않는 많은 지식들을 배울 수 있었던 한울모임이 너무나도 좋았다. 그때 김동전은 많은 책을 읽었다. 아마도 혼자 읽으려고 했다면 그 어려운 책들을 읽어내지 못했을 것이다. 하지만 형들이 중심이 되어서 함께 책을 읽고, 또 책 이야기를 나누니 어려웠던 책들이 어렵지 않았다.

한울모임은 김동전으로 하여금 신앙에 대해, 세상에 대해 새로운 눈을 뜨게 하였고, 삶의 방향성을 갖게 하였다. 김동전은 그때부터 세상을 사는 자세와 실천에 대해 깊이 생각하기 시작했다.

그날…… 김동전은 왜 그 자리에 없었을까?
김동전은 형들이 잡혀갔다는 소식을 친구들한테서 들었다.
전두환 무리의 12·12 군사쿠데타와 5·18 광주 민주화운동 등 시국에 관한 이야기들을 단편적으로 나누었지만, 그런 것들이 문제가 될 거라는 생각은 전혀 하지 않았다.
어느 날, 학교로 형사들이 찾아왔고, 친구와 함께 대전경찰서 옆에 있는 여관에서 조사를 받았다. 형사들이 물었다.
"모임엔 어떻게 나가게 되었나?"
"모여서 무엇을 했는가?"

이런 것들을 물으며 대답을 쓰게 하더니 어린 학생들이 공부는 안 하고 엉뚱한 모임에 휩쓸려 다녔다고 야단을 쳤다. 중간에 '앉아', '일어서', '엎드려뻗쳐' 따위의 기합을 받기는 했지만 구타나 폭언은 없었다. 그런데 며칠 후에 다시 찾아온 형사는 김동전을 대전경찰서로 데려갔다. 순간 김동전은 알 수 없는 두려움에 몸을 떨었다.

형사는 친구 정묵이가 쓴 자술서를 보여주면서 한울모임 형들이 북한방송을 듣고, 북한처럼 공동생산, 공동분배가 좋은 세상이라고 주장하는 것을 들었는지 확인했다.

참 이상하다. 김동전은 그다음 무슨 일이 있었는지 전혀 기억나지 않는다. 틀림없이 김동전은 사실이 아니라고 말했을 것이다. 그런데 기억이 없다. 형사들이 틀림없이 김동전을 구타했을 텐데, 김동전은 맞은 기억도 없다. 형사들이 틀림없이 강압적으로 무언가를 요구했을 텐데 김동전은 그런 기억도 없다. 다만 검찰 측 증인으로 나갔던 것을 보면, 김동전의 진술서는 선생님들과 형들에게 불리한 내용이 담겼을 것이 분명하다.

김동전은 40년 동안 생각했다. 제발 그 진술서를 보고 싶다고. 지금도 김동전은 그 진술서가 보고 싶다. 강요와 협박을 받아 제정신이 아닌 상태에서 썼다고 해도 그 진술서가 거짓된 것이라면, 그래서 선생님들과 형들이 감옥에 간 거라면 김동전은 엎드려 용서를 빌고 싶다.

　김동전은 친구들을 만나도 그때의 선생님이나 형들의 이야기는 하지 않는다. 서로가 말을 꺼내지 못하고 침묵한다. 그때 그 일, 한울회 사건은 김동전과 친구들, 그리고 선배들과 선생님들에게 너무나 고통스러운 일이었다.

　김동전은 안다. 자신에게 세상을 사는 힘을 준 것은 한울모임이었고, 한울의 선생님과 형들이었다는 것을. 한울모임이 자신에게 뿌려준 씨앗들이 넉넉해서 무너지지 않고 살아왔다는 것을.
　다시 끌려간 경찰서에서 무슨 일이 일어났을까? 김동전은 자신에게 일어났던 일을 알고 싶다. 그리고 자신이 어떤 증언을 했는지도 알고 싶다.

참 교사가 되고 싶었던 꿈

이충근

참 교사가 되고 싶었던 꿈

몸이 많이 아팠다. 콜록콜록 기침이 끊이지 않았다. 폐결핵이라고 했다. 목 깊숙한 곳에서 가래가 끓어 올라왔다. 콜록콜록……. 한 움큼씩 약을 입에 털어 넣었다. 힘들었다. 고 3, 공부를 해야 하는데……. 기침을 할 때마다 반 친구들이 쳐다보았고, 선생님은 잠깐씩 수업을 멈추기도 하였다. 수업에 방해가 되는 것 같아 참으려고 애를 썼지만 마음대로 안 되었다. 속상했다. 민망했다. 어디라도 숨고 싶었다.

학교 가는 길에 교회에 들러 텅 빈 예배당에서 간절히 기도하곤 했다.

"하나님, 왜 제게 견디기 힘든 고통을 주십니까?"

충근은 하나님의 대답을 듣지 못했다. 충근은 또 물었다.

"하나님, 제가 무슨 죄를 지었나요? 제가 어떻게 하면 좋을까요?"

하나님은 아무런 대답이 없었다.

충근은 이래저래 화가 났다. 안에 있던 가시가 불쑥 몸 밖으로 튀어나오곤 했다. 그런 아들을 알 수가 없던 아버지가 야단을 쳤다.

"밥을 굶겼느냐?"

"책을 안 사줬느냐?"

"성적이 왜 그 모양이냐?"

충근은 아버지가 야속했다. 결국 아버지께 소리를 지르고 말았다.

"내가 풀어야 할 문제들을 기침이 다 덮어 버렸다고요. 저도 힘들어요."

충근은 집을 나오고 말았다. 그러나 그가 갈 곳은 친구의 집밖에 없었다. 친구를 붙들고 하염없이 울었다. 아버지의 잔소리를 피해서 친구의 집에 기거하고 있으려니 공부를 하고 싶은 마음도 사라졌다.

여름방학 보충수업도 포기하고 쉬던 중 우연히 책 하나가 눈에 들어왔다. 제목이 놀라웠다.

"삶에 이르는 병? 김정준 목사?"

저자는 죽음의 문턱에서 성경을 놓지 않고 하나님에 대한 소망을 붙잡았고, 새 생명을 받았다고 고백했다. 충근은 김정준 목사의 책을 읽으면서 언젠가는 김정준 교수가 있는 한국신학대학으로 가서 배우리라 마음먹었다.

고등학교 졸업이 가까웠던 어느 날, 우연히 홍응표 선생님을 알게 되었다. 그가 전하는 복음을 듣는 동안 마음 깊숙한 곳에서 감화가 일어났다. 충근은 홍 선생님이 있는 대전에서 대학을 다니기로 결정했다.

대학 시험을 보던 날, 충근에게는 점심을 사 먹을 돈이 없었다. 포장마차에서 어묵 하나를 사 먹고 국물을 많이 마셨다. 배가 불룩해졌다.

대전에서 대학을 다니게 된 충근은 스스로 등록금을 마련하고, 스스로 살 집을 구해야 하고, 스스로 생활을 해결해야만 했다. 돌고 돌아 막다른 골목 끝, 대문도 없는 초가집에서 충근은 자취생활을 시작했다. 말할 수 없이 가난하고 누추했다.

충근의 삶은 말할 수 없이 고단했지만, 캠퍼스의 성경 공부가 기쁨을 주었다. 특별히 주일날 한울모임 집회는 희망과 활력을 주었다. 그러나 한 학기가 지나자 몸이 꽃잎만큼 가벼워졌다. 48kg!

어느 날, 몰래 충근의 뒤를 밟았던 한울모임 형제들이 충근의 자취방을 찾아왔다. 한울 형제들은 곧장 충근의 짐을 리어카에 싣고 한울 형제들이 함께 살던 집 '뻐꾸기 둥지'로 데려갔다. 충근은 비로소 편안하게 잠자고, 배부르게 밥 먹고, 웃었다.

함께 식사하는 누군가가 있다는 것, 오늘 하루 믿음 안에서 살았는지 함께 반성할 신앙의 형제들이 있다는 것이 충근은 기뻤다. 또 함께 생각을 나누고 함께 기도회를 갖는 시간이 참으로 은혜스러웠다.

가을 어느 날, 충근은 세브란스 병원에서 진료를 받게 되었다. 충근의 병은 폐결핵이 아니라 기관지확장증이었다. 이미 오랫동안 아주 많은 폐결핵 약을 먹었지만, 그래도 살아 있음에, 또 폐결핵이 아니라는 사실에 나무들까지 기뻐서 소리를 지르는 것 같았다.

충근은 한울모임을 통해 공동체적 삶을 나누었다. "형제가 연합하여 동거함이 어찌 그리 선하고 아름다운고."라는 시편의 말씀이 충근의 마음을 깊이 파고들었다.

충근은 심성이 진실하고 생활 자세가 올곧은 임세영 형제를 캠퍼스에서 자주 만났다. 충근은 좋은 사람들을 가까이 하고, 좋은 사람들에게서 무언가 배우려고 애쓰는 사람이었다. 특별히 임세영은 한울모임 회원들이 함께 읽은 본회퍼의 《신도의 공동생활》을 대표로 발제했고, 떼제 공동체를 연구해서 발표하기도 했다. 그 이후, 한울모임 회원들은 공동체에 기반을 둔 신앙과 그리스도인의 삶에 대해 기도하고 논의하면서 한울모임의 주제이자 목표로 삼았다.

충근은 회원들과 함께 공동체 생활을 실제로 살펴보기 위해서 홍성에 있는 풀무학원과 양주에 있는 원경선 선생님의 풀무원 등을 찾아가서 공부하고 관찰했다. 원경선 선생님이 들려준 "기독교 신앙이란 마음속에서 욕심의 뿌리를 뽑아내는 것이다."라는 이야기가 충근의 가슴 속에 지렛대가 되었다.

문동환 목사가 시작했던 '새벽의 집'에 대해서도 〈새 인류 새 공동체〉라는 문헌 자료를 통해 꼼꼼하게 읽고 배웠다. 홍응표 선생님의 소개로 무교회주의자였던 함석헌·김교신 선생님의 책을 읽고 깊은 감명을 받았다. 무교회주의자로 깊은 신앙을 지니고 성서를 연구하신 노평구 선생님, 고려대 유희세 교수님, 한양대 최선근 교수님이 정기적으로 여는 강의에도 참석해 배움을 이어갔다.

또한 양정고보 졸업반 학생들이 김교신 선생님께 드린 〈스승에 대한 감사의 글〉을 충근은 눈물을 흘리면서 읽었다. 김교신 선생님을 흠모하게 된 충근은 참된 교사가 되는 꿈을 꾸었다.

함석헌 선생님의 씨올사상은 '우리가 바로 역사의 주체요, 개인을 넘어 한국 사회와 민족의 역사를 하나님의 시각으로 보는 눈'을 충근에게 열어주었다. 그 대표적인 책이 바로 《뜻으로 본 한국역사》이다. 함석헌 선생님의 제자인 박재순 형의 설교와 강의 역시 충근으로 하여금 개인적인 영혼 구원을 넘어서 이 땅에 하나님의 나라를 넓혀가는 것이 그리스도인의 사명임을 확신하게 했다.

대학 졸업식을 하던 추운 겨울날, 충근에게는 입고 갈 양복이 없었다. 충근은 홍응표 선생님의 춘추복 양복을 빌려 입었다. 홍 선생님도 옷을 제대로 갖춰 입지 못했던 생활이었기에 겨울 양복이 없었던 것이다. 충근은 졸업식이 끝나자 양복을 돌려 드리려고 했지만 홍 선생님은 함빡 미소를 지으시면서 말씀하셨다.

"자네가 입게."

아마도 형편이 허락되었다면 홍 선생님은 충근에게 새 양복을 사주셨을 것이 분명하다. 홍선생님은 참으로 극진한 마음으로 한울모임의 형제들을 돌보셨다. 그래서 충근의 고백은 더 따뜻하다.

"나는 홍응표 선생님의 사랑과 돌봄, 그리고 한울 형제들의 극진한 사랑으로 대학을 졸업했습니다. 한울이 나를 살려내고, 한울이 나를 지켜주었습니다."

1979년, 충근은 서울 쌍문동에 있는 정의여고의 교사가 되었다. 그날, 스물다섯 살이었던 충근은 교정에 들어서며 다짐했다.

"이 학교에 내 젊은 날의 뼈를 묻으리라. 김교신 선생님 같은 선생이 되리라."

교사가 되어서도 충근은 공부를 계속했다. YMCA에서 매주 열리던 노평구 선생님의 성경 공부 모임에 참석했고, 학교에서는 젊은 교사들과 함께 독서회 시간을 갖고, 토요일 오후가 되면 학생들을 위한 독서회를 열었다. 학생들과 진행했던 독서회에서 충근은 학생들과 책만 읽은 것이 아니었다. 토론을 통해서 생각을 나누었고, 학생들은 자연스럽게 개인적인 생활과 현실을 고백하며 어려움을 헤쳐 나갔다.

충근은 입시 현실을 넘어서 넓은 세상을 바라보도록 사랑과 정성으로 아이들을 가르쳤던 선배 홍성환 형과 교제를 계속 이어갔다. 교사였던 충근의 삶은 아름다웠고, 날마다 가슴 벅찬 설레임이 가득했다.

1980년 광주민주화운동과 함께 전국이 소용돌이에 휘말렸을 때, 성경을 가르치던 전도사가 물었다.

"학기말 시험에 서술형 문제를 내려고 하는데 어떻게 하면 좋을까요?"

충근은 성경 문제 맨 끝에 서술형 문항들을 추가해 주었다.

"민주주의에서 폭력은 정당한가?"

"민주주의 시대의 바람직한 지도자의 모습에 대해 서술하라."

서술 문제는 교감의 결재 과정에서 삭제되었다. 충근의 이름은 드러나지 않았지만, 전도사는 시말서를 썼다.

충근은 어린 시절에도 사회 현실과 정치에 관심이 많았다. 중학교에 다닐 때는 책가방에 '삼선개헌 반대'라고 붙이고 다녔다. 담임 선생님이 지적하자 '삼선'이라는 두 글자만 없애고 그대로 다녔다.

1979년 10월 26일, 학교에 출근하니 교무실이 술렁거렸고, 교실에서는 아이들이 울고 있었다. 충근은 차분한 음성으로 말했다.

"민주주의와 인권을 유린하면서 경제성장을 이룬 부패한 절대 권력의 종말이다."

한 학생이 손을 번쩍 들었다. 아버지가 고위 공직자였다.

"선생님은 지금 돌아가신 박정희 대통령이 마치 나쁜 사람이었다는 듯이 말씀하시는데, 말씀을 취소해 주십시오."

순간 당황했지만 충근은 마음을 가다듬고 숙연한 심정으로 말했다.

"사람의 일생은 좋은 면과 나쁜 면이 있는데 잘못을 회개하지 않고 떠난 것이 안타깝다는 것이다."

다른 학생이 또 일어나 말했다.

"그러면 이 위기의 시대에 우리 학생들은 어떻게 해야 합니까?"

순간 강한 바람이 세상의 모든 나무들을 흔들고 있는 것이 충근의 눈에 보였다. 그 바람 속에서 제자들이 휘청거리고 있는 것도 보였다. 충근은 그 모든 바람을 이겨내고 제자들이 건강하고 옳게 살아가기를 바라는 심정으로 힘주어 말했다.

"공부를 열심히 해야 한다."

순간 학생들은 실망한 표정으로 충근을 바라보았다. 하지만 충근은 간절한 마음으로 한마디 더 당부했다.

"단 나 혼자 잘 먹고 잘 사는 공부가 되어서는 안 된다. 남을 위해서 공부해라!"

그다음 2학년 수업 시간이 되자 충근은 교과서 대신 셰익스피어의 《줄리어스 시저》 원서를 들고 들어갔다. 시저를 암살하고 난 후 브루투스가 로마 시민들에게 외친 연설을 나는 천천히 영어로 칠판에 썼다.

> 만일 여러분 중에 시저의 친구가 있다면, 나는 그에게 이렇게 말하고 싶소. 시저에 대한 브루투스의 사랑도 그 사람의 것만 못하지 않다고. 그런데 왜 브루투스는 시저에게 반기를 들었느냐고 묻거든, 이것이 나의 대답이오. 내가 시저를 덜 사랑했기 때문이 아니라 로

마를 더 사랑했기 때문이라고. 여러분은 시저가 죽고 만인이 자유롭게 사는 것보다 시저가 살고 만인이 노예의 죽음을 당하는 것을 원하시오? 시저가 나를 사랑한 만큼 나는 그를 위해 울고, 시저에게 행운이 있는 만큼 나는 그것을 기뻐하고, 시저가 용감했던 만큼 나는 그를 존경하오. 그러나 그가 야심을 품은 까닭에 그를 죽인 것이오.

시대적 배경을 설명하고 연설문을 해석한 나는 학생들에게 말했다.
"오늘 이 시대에 누가 브루투스이고 누가 시저였는지는 굳이 말 안 해도 다 알겠지요?"

충근은 월급을 타면 대전의 한울모임을 위해서 헌금을 조금씩 보냈다. 하지만 서울에서 몹시 바쁜 일상을 보내고 있던 충근은 대전 한울모임의 후배들이 어떻게 활동하고 어떻게 학생들과 함께 하고 있는지 몰랐다. 그런 충근에게 한울모임의 형제들이 공산주의자로 몰려서 잡혀갔다는 소식이 들려왔다. 그날은 3월 23일이었고, 봄은 아직 먼 것처럼 차가운 바람 속에서 눈발이 뒹굴고 있었다. 충근은 운동장 조회를 하다 말고 학급 반장에게 말했다.
"종례는 옆 반 선생님에게 물어서 해라. 빠르면 하루, 어쩌면 오래 걸릴지도 모른다."

충근은 서둘러 대전서부경찰서로 달려갔다. 그날 충근은 한울모임 형제들이 얼마나 걱정이 되었던지 너무 느리게 달려가는 기차가 원망스러울 지경이었다.

점심 무렵에 서부경찰서에 도착한 충근에게 경찰서 직원들은 아무 말도 하지 않았다. 시간이 지날수록 충근은 불안했다. 날이 어두워지자 경찰이 충근의 눈을 가리고 차에 태워 어디론가 데려갔다. 충근은 겁이 났다. 온몸에 소름이 돋았다.

'이게 반독재투쟁, 민주화운동 하는 사람들에게 행하는 국가의 탄압이구나.'

충근이 도착한 곳은 허름한 여관이었다. 조사를 맡은 나이 든 형사가 종이와 펜을 주면서 명령했다.

"성장 과정을 써라."

"너에게 영향을 끼친 사람들은 누구냐?"

"너는 어떤 영향을 받았느냐?"

형사는 자세하게, 길게 쓰기를 원했고, 충근은 열 번도 넘게 반복해서 다시 썼다. 충근이 쓴 내용이 마음에 안 들면 형사는 충근의 뺨을 거칠게 갈겼다. 그리고 겁박했다.

"사실대로 안 쓰면 더 큰 일이 날 거야."

충근은 절망했다. 공포를 느꼈다. 하지만 곰곰이 생각했다.

'도대체 이 사람들은 무슨 권리로 영장도 없이 사람을 불법 감금할까?'

'도대체 이들이 누구길래 양심적인 교사로 살고자 하는 나를 이토록 비참하게 만들까?'

충근은 또 생각했다.

'1981년, 이 엄혹한 시국에 어느 반국가단체 구성원이 제 발로 걸어서 수사당국에 자진 출두한단 말인가.'

담당 수사관의 입에서는 술 냄새가 지독하게 풍겼다. 충근이 물었다.

"경찰이 술을 먹고 근무해도 됩니까?"

충근의 질문에 수사관의 눈이 휘둥그레졌다. 수사관은 나가서 여러 수사관을 불러왔다. 그리고 집단 폭행이 이어졌다. 충근은 바닥에 쓰러진 채 피를 흘렸다. 몸을 움직일 수가 없었다. 정신이 몽롱하고 눈이 저절로 감겼다. 하지만 그들은 잠을 못 자게 했다. 수사관은 방위병 같은 이를 세워 놓고 한순간도 눈을 붙이지 못하도록 감시했다.

조사관은 되풀이해 질문했다. 충근은 점점 수사관이 하는 말이 사실인 것 같은 착각이 들었다.

그런 시간이 열흘 정도는 되었나 싶다. 그사이 해는 떴을까? 해가 떴다면 저녁에는 해가 졌을까? 서쪽으로 가면 붉은 노을이 여전히 아름다울까? 바람은 나무들을 간지럽히며 숲에서 뒹굴뒹굴 놀고 있을까? 그늘진 숲속 녹지 않았던 눈이 지금은 녹았을까?

충근은 다시 눈이 가려지고 대공분실로 옮겨졌다. 충근을 본 담당자는 우선 잠을 자라고 했다. 충근은 잠을 잤다. 꼬박 하루 스물네 시간을 잤다고 했다. 스물네 시간 동안 충근은 밥을 먹었을까? 물은 마셨을까? 화장실에는 갔을까? 모르겠다.

충근은 단 한번도 5·18 광주 민주화운동을 공개적으로 거론하거나 전두환을 정면으로 비난한 적이 없었다. 아무리 생각해도 잘못한 일이 없었다. 하지만 심문하던 수사관은 충근을, 그리고 한울모임을 반국가단체로 몰아갔다. 충근은 두려웠다. 무서웠다. 충근은 또 생각했다.

'정당성 없는 군사정권은 공안 사건을 자주 조작해서 국민에게 불안을 조성하고 정권의 안정을 꾀하지 않았던가.'

구속영장이 떨어지고, 대전경찰서 유치장에 갇혔던 충근은 교도소로 옮겨졌다.

그곳은 사상범들이 20년 혹은 30년 넘게 수감되어 있는 곳이었다. 옆방에 있던 사람이 낮은 목소리로 나에게 물었다.

"무슨 일로 들어왔는가?"

충근은 소곤소곤 그간의 일들을 설명했다. 그가 놀라서 물었다.

"요새는 그런 것도 사건이 되는가?"

다음 날, 충근은 다른 방으로 옮겨졌고, 형광등 하나를 나눠 쓰는 옆방에는 서강대 시위 주동 학생들이 잡혀와 있었다. 그들과 시국에 대한 토론을 많이 했다.

충근은 그들이 건네준 일본 이와나미 문고의 《한국의 경제》 원서를 읽고 중얼거렸다.

"한국 경제는 국민 경제의 기반이 없어서 마치 자전거를 타고 계속 달려야만 하는 운명이구나."

옥살이가 익숙해질 무렵 진보적인 재야 운동가로 알려졌던 '이재오' 씨를 만나게 되었다. 이재오 씨는 충근을 볼 때마다 말했다.
"밥 많이 드세요."
밥 많이 먹으라는 이재오 씨의 말이 충근에게 위로가 되고 힘이 되었다. 충근은 힘들 때마다 밥을 많이 먹는 사람이 되었다.
교도관이 충근의 방 앞에 의자를 가져다 놓고 앉아 한숨을 쉬며 상담을 청하기도 했다.
"아내가 지나치게 교회에 빠져 집안을 돌보지 않아요. 너무나 고민스러워요."
조직폭력배 서방파의 두목인 김태촌은 이런저런 편지를 써 달라고 부탁하면서 사연을 말해주었다. 충근이 편지를 대신 써 주는 동안 교도소의 밤은 더 무겁게 가라앉았다. 누군가 외마디 비명을 지르듯 "어머니!" 하고 울부짖는 소리도 들렸다. 〈남자는 배 여자는 항구〉 따위의 노래가 차갑고 침울하게 울려 퍼지기도 했다.

공소장을 받아 든 충근은 몹시 놀랐다. 한울모임이 반국가단체라니, 충근은 정신을 차려서 공소장 내용을 살폈다. 반국가단체라는 말이 어울리지 않게 공소장에 적힌 증거는 용어만 거창하고 실체적 증거는 공허했다. "이심전심으로 정부를 전복할 결의를 하고"라는 대목 앞에서 충근은 실소를 금치 못했다. 기가 찼다. 어처구니가 없었다. 말문이 막혔다.
'이심전심이라니……. 도대체 판결문을 쓴 검사는 '이심전심'이

란 말뜻을 아는 사람인가?'

그날 그가 중얼거리는 걸 누가 들었을까? 바람이 들었을까? 교도소 담장 안에 있던 나무가 들었을까?

"이건 소가 웃을 코미디야. 정통성 없는 군사정권이 비판 세력을 다 제거하기로 작정한 시나리오가 틀림없군."

교도소 담장 안 쥐똥나무에 하얗게 피었던 꽃들이 그의 탄식을 들었을까? 꽃들도 탄식하지 않았을까?

"너무 무서워요. 우리가 꽃으로 계속 피어 있어도 되나요?"

"그럼. 꽃은 꽃으로 있어야 해. 서둘러 바람을 따라가지 마. 이건 어떻게 해서든지 공을 세워서 승진하려고 하는 자들의 가증스러운 욕심이야."

교도소에 있는 동안 재판이 계속되었고, 충근은 이 험한 세상에서 어떻게 꽃들이 피어날까 근심했다. 하지만 재판이 진행될 때마다 방청석을 꽉 채우던 사람들이 충근을, 한울모임 사람들을 응원하는 모습을 보면서 충근은 꽃이 피는 소리를 찾아냈다.

재판이 시작되었다. 늙은 판사의 목소리는 유약하고, 중년 검사는 논리가 안 서는 무식한 심문을 계속했다. 몹시 화가 난 박재순 형은 검사에게 '당신'이라고 칭하면서 적극적으로 항변했다. 갑론을박 논쟁을 벌이기도 하고, 긴 시간 동안 재순 형의 항변이 이어졌다. 충근은 오른쪽에 앉았던 배석 판사의 얼굴을 기억한다. 그는 후에 국회의원도 하고, 경기도지사도 지냈고, 대통령에 출마하기도 한 사람이었다.

이규호 형제는 대학 졸업 논문 가운데 '마르크스의 공동체 이론' 부분에서 공산주의는 인간의 소유욕을 제대로 이해하지 못한 점에서 크게 잘못되었다고 말했다. 이규호 형제가 공산주의의 폐단을 지적했지만, 검사와 판사는 이규호를 공산주의자라고 단언했다.

고등학교 3학년생이었던 민주(가명)가 수련회 메모 노트를 증거물로 제출했다. 재판장이 물었다.

"왜 경찰에게 먼저 제시하지 않았습니까?"

민주가 초롱초롱한 목소리, 결의에 찬 얼굴로 대답했다.

"경찰은 나쁜 아저씨들 같아서 일부러 숨겼어요."

순간 방청객들이 "와! 와!" 탄성을 지르며 박수를 쳤다. 그러자 판사는 방청객들을 모두 퇴정시켰다. 충근은 어서 학교로 돌아가 아이들을 만날 날이 오기를 바랐다.

'5월에는 나가야 애들과 수학여행을 갈 수 있을 텐데…….'

애가 탔다.

'이제 여름방학이겠구나.'

순간순간 학교에 돌아가는 꿈을 꾸었다. 사랑하는 아이들을 만날 생각을 하면 라일락 꽃냄새가 났고, 아침이면 그의 눈에 이슬이 맺혔다.

10월 10일, 1심 판결에서 나는 징역 1년 6월, 자격정지 1년 6월에 집행유예 3년 처분을 받고 대전교도소 문을 나왔다. 막내 누이가 품에 안겨 서럽게 울었다.

눈부신 초가을, 충근은 천천히 걸었다. 시내에는 많은 사람들이 걷고 있었고, 그들 머리 위로 햇살이 밝게 빛났다. 사람들은 맑은 공기를 들이마시면서 환하게 웃고 있었다. 충근은 몹시 분했다. 견딜 수 없었다. 나 한 사람 없어도 세상은 변함이 없었다. 아무 일도 없었다는 듯이 잘 돌아가고 있었다. 순간 충근의 손이 바르르 떨렸다. 충근은 외로웠다. 정말 외로웠다. 충근은 분했다. 정말 분했다.

학교에 갔더니 일부 젊은 선생들이 충근의 손을 잡고 위로했다. 어떤 이는 따뜻하게 안아주었다. 아이들 역시 충근을 둘러싸고 손을 잡으며 반가워했다. 충근의 사정을 아는 젊은 교사들이 매달 월급을 십시일반 모아서 집으로 보내주고 있었다는 사실에 충근은 가슴이 먹먹해졌다. 외로움이 사라졌다. 분함도 녹아내렸다. 억울했던 마음이 꽃으로 변했다. 학교 이사장님도 충근에게 말했다.

"젊은 사람이 무고하게 고생했으니 얼마나 억울합니까?"

자격정지를 당한 충근은 교단에 설 수가 없었다. 그런 충근에게 82세의 이사장님이 말했다.

"교사는 할 수 없지만, 서무실에서 일하세요."

독립유공자이신 윤기안 이사장님, 충근은 지금도 그분이 고맙다. 자주 그분이 생각난다. 그분에 대한 그리움이 목에 찼다.

"이렇게만 살 수는 없어."

충근은 1년 후에 서무과를 그만두고 한신대 신학대학원에 갔다. 그리고 사면 복권이 된 후에 학교로 돌아가 학생들 앞에 서게 되었다.

 시간이 많이 흘렀다. 그런데…… 한울모임 회원들에게 가해진 폭력의 상처는 아직도 아물지 않은 것 같다. 그리고 역사의 심판도 아직 이루어지지 않았다. 언제쯤일까, 우리의 상처가 아물고 그 심판이 이루어질 날은…….

등불이 되어 준 한울

이건종

등불이 되어 준 한울

열아홉 살의 나무가 일흔한 살의 나무에게 말한다.
"저는 언제 당신처럼 우람해질까요?"
일흔한 살의 나무는 열아홉 살의 나무를 가만히 쳐다보다가 그 거대한 몸을 한 바퀴 휙 비틀어 본다. 그러자 바람이 와와와 소리를 치며 사방에 뿌려진다. 순간 정신이 아득해진 열아홉 살 나무가 일흔한 살 나무에게 또 묻는다.
"저는 언제 강한 바람을 만들어낼 수 있을까요?"
일흔한 살 나무가 말한다.
"네가 번개를 견디고 천둥소리를 무서워하지 않는다면 가능해. 그러나 너의 열아홉 살이 가장 아름답다는 것을 알아야 해."

이건종은 열아홉 살에 무엇을 하였을까? 열아홉 살의 이건종과 일흔한 살의 이건종은 같은 사람일까?

열아홉 살의 이건종은 지금의 이건종에게는 반세기가 지난 과거다. 그러나 이건종은 열아홉 살과 스무 살, 그리고 스물한 살과 그 이후에도 계속 이어졌던 젊은 날들에 대한 기억이 지극하다. 너무 지극해서 아름답다. 아름다운 것은 눈물과 같다. 눈물은 연약해 보이지만 강하게 일으켜 세우는 힘이 있다. 눈물에서 찾아낼 수 있는 수많은 종류의 씨앗들을 일흔한 살 이건종은 그대로 가지고 있다. 그래서 우리는 이건종을 좋아한다. 이건종은 교회가 없는 목사다.

지금의 열아홉 살 젊은이들은 무엇을 하고 있을까? 무슨 씨앗들을 품었을까?

지금의 열아홉 젊은이가 나 이건종의 열아홉에 와 주면 좋겠다. 그러면 그 젊은 친구의 손을 잡고, 틀림없이 슬기롭게 빛나고 있을 젊은 친구의 눈을 들여다보면서 50년이나 지난 나의 이야기를 들려주고 싶다. 그러면 나의 젊음이 겪어냈던 이야기가 꽃을 피울 수 있을까? 그때 짓밟혀진 꽃잎들이 복원될까? 꿈이 다시 살아날까?

나는 우리들의 한울 이야기, 나의 한울 이야기가 아름다운 노래가 되었다고 생각한다. 왜냐하면 그때 끝도 없이 흘러내렸던 비명과 탄식과 눈물들이 세상에 거름이 되었을 것이 분명하니까.

열아홉 살 때, 계룡산 깊은 골짜기로 들어갔다. 숲이 우거졌고, 밤이면 산짐승들이 여기저기서 울어댔고, 숲을 태워버리기라도 할 것처럼 붉은 빛들이 떨어지고 있었다. 나는 그 빛이 어떻게 생겨났는지 모른다. 어쩌면 산짐승들의 눈빛이었을지 모르고, 또 어쩌면 기도하는 사람들의 부르짖음이 그런 빛을 만들어내고 있었는지 모른다. 기도하다가 문득 눈을 뜨면 눈앞에서 명멸하는 빛 때문에 어지러움을 느꼈다.

숲속에는 먹을 것이 없었다. 밥을 먹으려면 기도원으로 내려가야 했지만, 산을 내려가지 않았다. 금식하며 기도하기로 작정한 까닭도 있었지만, 그즈음의 나는 굶는 것이 일상이었다. 먹으려는 노력을 하지 않았다. 어떻게든 해결하고 싶었던 것은 내 영혼의 문제였다. 빛이라고는 전혀 보이지 않는 나의 미래에 대하여 답을 찾아내는 것이 중요한 과제였다.

금식하며 얼마나 몸부림을 쳤는지 땀에 옷이 흠뻑 젖었다. 결코 한여름 더위 때문만은 아니었다. 신앙생활을 하면서 내 가슴에 차올랐던 것은 '무엇이 옳은가?' 하는 문제였다. '어떻게 신앙생활을 하여야 하나님 나라에 근접할 수 있는가?' 하는 문제였다. 그때 나의 삶은 칠흑처럼 어두웠다.

뜨거운 여름이었음에도 물 한 모금 마시지 않고 일주일 넘게 금식했다. 그래도 보이는 것이 없었고, 가슴을 내려치는 깨달음도 없었다. 성령 또한 나에게 오지 않았다. 나는 몹시 어지러웠고, 결국 쓰러졌다. 하필이면 내가 쓰러져서 바위에 가장 먼저 닿았던 나의 신체 부위가 다리나 엉덩이, 혹은 머리가 아니었다. 하필이면 얼굴이 먼저 바위에 부딪혔고 앞니가 부러졌다.

나의 20대는 그렇게 부러진 앞니로 살았다. 앞니가 부러진 것은 괜찮았다. 하지만 진리를 모르는 것은 불안했다. 나는 주저 없이 신학교에 갔다.

신학교에 가면 진리를 알 수 있을까? 나는 무엇이라도 잡아야 했고, 신학교는 그 끈이 되었다. 신학이라는 끈을 두 손에 꼭 붙들고 있던 나의 놀이터는 침례서관이었다. 침례서관은 지금도 존재한다.

침례서관, 그곳에서는 어떤 책이든 꺼내서 마음껏 읽을 수 있었다. 온종일 머물러 있어도 탓하지 않았다. 나는 침례서관에서 종일 책을 읽었고, 드나드는 목사님들 틈에 끼어서 대화를 엿들었고, 가끔은 신앙 토론에도 슬며시 끼어들었다. 그러다 한 신학생으로부터 네비게이토 선교회를 소개받았다.

네비게이토 선교회에서 만난 홍응표 선생님. 그분은 내가 하는 긴 이야기를 끝까지 들어 주셨고, 어떤 반박도 하지 않았다. 나의 이야기 중에 잘못된 부분이 분명 있었을 것인데 고쳐주려는 모습도 보이지 않았다. 그러한 사실이 말할 수 없이 큰 감동으로 다가왔다. 너무나 고마웠다.

홍응표 선생님은 날마다 만나고 싶은 사람이었고, 선생님을 찾아가는 일에 망설임이 없었다. 선생님은 더 많이 알고 싶고 더 많이 배우고 싶어 들끓고 있던 나의 열망을 소리 없이 채워 주셨다. 홍응표 선생님을 만나던 날들은 모두 내 삶에서 최고의 날들이었다. 하지만 홍응표 선생님은 얼마 지나지 않아 네비게이토 선교회를 탈퇴했다. 홍응표 선생님이 네비게이토의 경직된 분위기가 자신에게 맞지 않는다고 말하자 많은 사람들이 실망의 목소리를 높였다. 하지만 나는 홍응표 선생님의 탈퇴 선언이 독립선언처럼 신선하게 들렸고, 더더욱 선생님을 존경하고 따르는 계기가 되었다. 홍응표 선생님을 자주 찾아뵈면서 무교회주의 잡지를 구독하는 것은 물론 함석헌, 김교신 선생님의 책들을 탐독하기 시작한다.

노평구 선생님의 강의를 들을 기회가 주어졌고, 노평구 선생님이 주필인 잡지 《성서연구》를 구독하면서 《성서연구》에서 언급되는 책들을 구해서 열심히 읽었다. 나의 생각이 끝없이 확장되는 시기였다.

홍응표 선생님과 함께하는 독서 모임을 통해 고전도 많이 읽게 되었는데, 선생님은 모임 때마다 당신이 읽은 책들을 소개했다. 성서 연구에도 몰입하셨던 선생님으로부터 들은 로마서 강의는 매우 특별해서 지금도 기억한다.

그 당시 만났던 많은 선생님들을 나는 평생 잊지 않고 살았다. 송두용 선생님과 한국의 슈바이처라고 불린 국희종 선생님, 또 현장송 선생님도 잊을 수가 없다. 그리고 김교신 선생님의 따님을 통해서 김교신 선생님에 대한 여러 가지 이야기를 들을 수 있었던 귀한 시간도 나를 평생 부요한 사람으로 만들었다.

세상에서 내가 누릴 수 있는 가장 큰 복을 누렸던 시간이 나의 20대였다. 나의 선생님들은 한결같이 신앙을 삶으로 살아내던 고매한 어른들이었다. 놀라운 지식과 학문은 물론 높은 인격까지 갖춘 선생님들을 만난 것은 세상 무엇과도 바꿀 수 없는 최고의 선물이었다.

나에게 특별한 관심을 보여주셨던 선생님이 계셨다. 그분은 산책길에 불러서 나의 이야기에 귀를 기울여 주시고, 또 보석 같은 이야기들을 많이 들려주셨다. 바로 송두용 선생님이시다. 그 당시 송두용 선생님의 연세가 일흔이 좀 넘으셨을 때인데, 치기 어린 젊은이의 이야기를 허물하지 않고 들어주신 선생님의 인격이 참 놀라웠다. 내가 사표로 삼고 싶은 신앙의 참 어른이셨다.

풀무학원의 홍순명 선생님의 강의를 들으면서는 나의 영성이 더 깊어졌다. 엽서 전도자로 유명한 유원상 선생님을 만난 것도 나의 젊은 시절 하나님이 주신 큰 복이다.

한울모임을 통해서 선생님들과 동료들을 만나고, 후배들을 만나면서, 또 많은 책을 읽으면서 정신적인 안정을 찾게 되었다. 20대의 방황이 막을 내렸고, 나의 정신세계는 여물어갔다. 그러나 안타깝게도 입대로 인해 어쩔 수 없이 잠시 모임을 떠나게 되었다. 하지만 제대하자마자 바로 모임에 참석했다. 그만큼 한울모임은 내 정신적인 고향이자 그루터기였다. 한울모임을 빼놓고는 나의 젊은 날을 이야기할 수 없다. 언젠가 나도 한울모임의 선생님들처럼 후배들을 위해서 나의 삶을 나눠주고 나의 지식을 나눠주는 사람이 되고 싶었다.

제대한 다음 한울모임에 다시 참석했을 때, 모임에 참가하는 회원들이 많이 바뀌었지만 모임의 순수성과 지식에 대한 탐구는 여전히 왕성했다.

학교에 복학했던 나는 거주할 집이 없었다. 그래서 한울모임 형제들과 방 두 칸을 구해서 살게 되었는데, 그곳이 일명 '뻐꾸기 둥지'이다. 뻐꾸기 둥지에서 우리들의 모임이 더 돈독해졌고, 책을 읽고 토론하는 열기가 더 뜨거워졌으며, 지식에 대한 탐구가 왕성했다. 신학생의 신분에 맞게 나는 더더욱 예배에 열중했고, 영성에도 깊은 관심을 기울였다.

신학교를 졸업한 후에는 강남의 어느 아파트에서 김진홍 목사님을 비롯한 몇몇 분들과 매주 수요일마다 하룻밤을 자면서 요한복음을 공부하였다. 참으로 보람되고 마음이 충만해지던 시절이었다.

지금도 여전히 나의 스승이신 홍응표 선생님, 내가 그분을 이해하거나 따라갈 수는 없다. 쓰카모도 도라지(塚本虎二)가 쓴 《예수전

연구》를 읽은 것도 홍응표 선생님을 통해서이다.

어느 날 홍응표 선생님이 말씀하셨다.

"나는 날마다 더 큰 원을 그린다."

나는 지금도 이 말을 잊지 않고 늘 질문을 던진다.

'나는 오늘 어떤 원을 그리고 있는가?'

'나는 오늘 어제보다 더 큰 원을 그렸는가?'

나는 목회하면서 중요한 일을 결정할 때마다 홍응표 선생님을 떠올린다.

'선생님이라면 어떻게 하실까?'

그러면 놀랍게도 금방 답이 나온다. 나는 홍응표 선생님과는 아주 많이 다른 사람이다. 선생님과는 달리 기질적으로 보수적인 사람이다. 변화도 잘 받아들이지 못하고 두려워하는 사람이다. 그럼에도 지역의 작은 교회를 섬기면서 실험적 교회를 지향할 수 있고 일관되게 살아갈 수 있었던 것은 모두 홍응표 선생님의 영향 때문이다.

나는 '홍응표 선생님을 아주 조금만이라도 흉내낼 수 있다면 참 좋겠다.' 하고 생각한다. 그리고 그것은 나에게 무거운 숙제가 되어서 늘 내 앞에 있다.

홍응표 선생님 때문에 모임은 빛이 났다. 우리 모두의 마음이 충만했고, 가슴 떨리는 전율이 있었다. 그래서 나는 한울모임을 구분

할 때 홍응표 선생님이 '계실 때'와 '떠나신 후'로 구분한다.

한울모임의 주 세력이었고 그루터기가 되어 준 홍응표 선생님이 안타깝게도 대전을 떠나 서울로 거처를 옮기신 후에 여러 가지 변화가 있었지만 한울모임은 지속되었다.

한울모임은 모임의 지향을 신앙, 학문, 공동체, 교육으로 정리했다. 신앙에 기초를 두었고, 대부분 무교회주의의 영향을 받고 있었다. 특히 김교신 선생님의 말씀이 유행어가 되었다.

"머리가 뜨거우면 냉수를 끼얹어가며 신앙을 해야 한다."

그렇다. 우리들의 한울모임은 뜨거운 머리에 냉수를 끼얹는 일이었다. 주저앉는 것을 경계했고, 하나님을 정직하게 바라보기를 소원했고, 이웃을 돌보는 일에 간절한 마음을 가졌으며, 사회에서 부조리한 일이 자행될 때 그를 위해서 기도하기를 게을리 하지 않았다.

한울모임은 풀무원을 비롯한 여러 공동체와 연관을 맺고 교류하였다. 당시 목원대 학생이던 이경하는 떼제 공동체에서 몇 달간 살면서 공동체를 경험하고는 우리와 함께 그 경험을 공유하였다. 박재순 형은 문동환 박사의 '새벽의 집' 공동체 이야기를 들려주었고, 홍응표 선생님을 통해서는 김진홍 목사의 청계천 활빈교회와 남양만 공동체 이야기를 세세하게 들었다.

우리가 꿈꾸었던 공동체, 그건 기존의 제도적 교회나 선교를 목적으로 하는 네비게이토 같은 선교단체가 아니었다. 형사와 검사들이 우리를 공산주의자라는 얼토당토않은 올무에 가두었지만, 공산주의자 또한 절대 아니었다.

한울모임의 회원들은 시대와 사회의 고통에 민감하기를 원했다. 문제가 생겼을 때 모른 척하는 부류에 섞여서 사는 것을 원치 않았다. 신앙을 기초로 하는, 좀 더 인간적이고 따뜻한 공동체를 꿈꾸었다. 작은 아이라 할지라도 마음을 다해서 존중하는 모임이었다. 그러나 순수했던 한울모임이 한울회 사건으로 조작되고 확대되면서 우리들의 꿈은 꽃을 피워보지 못하고 무참히 꺾였다. 군사정권에 의해 처참하게 짓밟혔다. 정말 너무나 아쉽고 분하다. 아무리 울어도 풀리지 않을 한이 우리들 가슴에 박혀 들었다.

만약 우리들의 공동체가 지금까지 건재했다면 어떻게 되었을까? 한울모임은 틀림없이 대전에서 서울로, 전라도와 경상도와 경기도로 확산되었을 것이다. 한울모임은 강원도 산속에서도 일어나고, 제주도와 울릉도에서도 이루어졌을 것이다. 존경받는 어른이 존재하고, 존중받는 젊은이들이 거룩한 꿈을 꾸고 있을 것이다. 우리 사회는 서로가 서로를 격려하고, 한층 더 밝고 따뜻해졌을 것이다. 한울모임은 예의가 있었고 서로를 존중했다. 강의하러 온 어른들이 먼저 학생들에게 다정하게 인사를 하곤 했다.

한울회 사건은 오래전에 일어난 일이다. 대부분의 사람들이 기억하지 못하는 일이다. 그러나 당사자들은 결코 잊을 수 없다. 잊을 수 있는 이야기가 아니다.

한울회 사건이 일어났던 1981년은 5·18 광주 민주화운동이 일어난 다음 해이다. 대학마다 형사들이 상주해 있었던 삼엄한 시기였다. 그 당시 나는 신학교 졸업생으로 목회 실습을 나갈 교회를 찾던 중이었다. 그래서 한울모임에 참석을 못 하고 있었다. 그런데 1981년 3월 15일 일요일 오후에 형사들이 한울모임 공동체인 '뻐꾸기 둥지'에 갑자기 들이닥쳐서 예배에 참석했던 고등학생들까지 모두 연행해 갔다는 소식이 들려왔다. 몹시 불안한 마음이 들었다. 무슨 일인가 경찰서를 찾아가서 자세한 상황을 알아봐야 하는데, 어느 경찰서로 찾아가야 하는지 알 수가 없었다. 그러던 중 기숙사 사감인 도한호 교수님을 통해서 대전 서부경찰서로 출두하라는 연락을 받았다.

나는 망설이지 않고 경찰서로 달려갔다. 그 당시 내 주머니에는 수첩이 들어 있었다. 수첩에는 한울모임 회원들의 연락처가 들어 있었다. 경찰서 앞에서 왠지 찜찜한 기분이 들었다. 수첩을 가지고 들어가면 안 될 것 같았다.

경찰서 옆에 있는 슈퍼에 들어가서 수첩을 잠시 맡아달라고 부탁했다. 슈퍼 주인은 내가 건넨 수첩을 맡아 주었다. 정말이지 그렇게 큰 사건에 휘말릴 줄 꿈에도 생각하지 못했다.

나는 군대에서 험악한 일을 많이 겪었다. 군대에서 겪었던 일은 참으로 악마적이었고, 정신을 갉아먹는 일이었다. 그러나 경찰은 그보다 더 지독했다. 경찰은 결코 민중의 지팡이가 아니었고, 진실이나 정의와는 거리가 멀었다.

나는 두 명의 형사를 기억한다. 한 사람은 마르고 키가 컸다. 그는 주로 심문을 하고 조서를 꾸몄다. 다른 한 명은 키가 작고 근육질의 땅딸한 사람이었다. 그 사람은 조사를 받는 내 옆에서 추궁하고, 협박하고, 폭력을 행사했다.

조사를 받을 때 나는 모든 것을 자세하게 말했다. 숨길 이유가 하나도 없었다. 솔직하게 모든 것을 진술했지만, 그들은 처음부터 잠을 재울 생각이 없었고, 밤낮없이 계속해서 진술서를 쓰게 했다. 그들은 점점 더 강압적으로 변했고, 폭력이 강해졌다. 다른 사람의 진술에서 내가 말하지 않은 내용이 나오면 사실대로 불지 않았다고 불같이 화를 내며 추궁했다. 그들은 내 정신을 산산조각 내었다.

경찰은 이규호 형제의 졸업 논문인 〈현대의 공동체론〉과 박재순 형제가 설교 중에 5·18 광주의 군대를 성경의 '군대 귀신' 이야기로 비판한 것을 꼬투리 잡아서 물어뜯기 시작했다. 배고픈 이리떼에게 뜯어 먹히는 고통이라고 표현하면 될까.

진술서를 쓰다가 졸기라도 하면 소리를 지르며 주먹으로 사정없이 후려쳤다. 그 순간 눈앞에서 무수한 별들이 움직였다. 또 진술서를 쓰는 글씨 속도가 느리다고 경찰이 나를 넘어뜨리고 짓밟았다. 그 순간 나는 그저 짓이겨지는 연약한 꽃잎에 불과했다. 더 이상 할 말이 없고 숨긴 것이 없다고 말하면 그들은 거친 숨소리를 내며 물었다.

"통일에 대한 너의 생각이 뭐야?"

"현 정권에 대한 견해는 뭐야?"

"전두환 대통령을 어떻게 생각하냐?"

"전두환 대통령을 대통령으로 인정하냐?"

경찰은 나의 사상을 검열했고, 그 후에 그들은 나를 대공분실 지하로 끌고 내려갔다. 대공분실에서도 폭력과 협박과 구타가 계속되었다. 그러다 어느 순간 조용히 혼자 있게 되었다. 폭력적인 상황과 바뀐 것은 하나도 없었다. 그러나 알 수 없는 침묵은 나를 더욱더 공포 속으로 밀어 넣었다. 공포스러운 상황이 전혀 끝날 것 같지 않을 깊은 절망감에 숨이 쉬어지지 않았다. 시간이 길게 느껴졌고, 나의 운명은 어둠 깊숙한 곳으로 계속 곤두박질쳤다.

시간이 얼마나 지났을까? 눈을 감고도 날이 밝는 것을 느꼈던 날, 나는 대전경찰서 유치장에 넣어졌다. 유치장에서는 더 이상의 육체적 고통은 없었다. 그러나 절대 권한을 가진 경찰들이 유치장에 들어오는 사람들을 너무나 함부로 대했다. 경찰은 끌려 들어온 사람들에게 폭력을 가했다. 사람들은 경찰의 주먹에 맞거나 발길에 걷어차이면서 비명을 질렀고, 그런 사람들에게 경찰은 엄살을 부린다며 사정없이 곤봉을 내리쳤다. 끌려온 사람들이 비명을 참으며 쓰러졌다. 그러나 저절로 터져 나오는 신음 소리는 숨길 수가 없었다. 철창 안에서 그 장면을 보고 있으려니 몸서리가 쳐졌다. 참으로 고통스러웠다. 차라리 내가 맞는 것이 더 나을 것 같았다. 내 몸이 가늘어질 수만 있다면, 그래서 쇠창살 틈으로 빠져나가 대신 맞아 줄 수 있다면 좋겠다는 생각이 들었다. 폭력이 자행되는 것을 보면서 쇠창살 안에서 온몸이 부서져 나가는 통증을 느꼈다. 다른 사람이 폭행당하는 것을 보는 일은 내가 폭력을 겪는 것보다 더 큰 고통을 안겨 주었다. 내 앞에서 자행되는 폭력을 지켜보는 것은 내가 그 폭력을 방조하거나 인정하는 것이라는 죄책감에 온몸이 바스러지는 것 같았다.

가족들과 면회가 되지 않았고, 누구와도 접촉할 수 없는 상태에서 대전교도소에 수감되었다. 교도소 안의 여러 문을 통과하였고, 입고 있던 옷을 벗고 푸른 수의로 갈아입었다. 교도소 생활에 필요한 몇 가지 물품을 갖고 들어간 곳은 간첩 등 국가보안법 관련자들이 수감 되어 있는 6사였다. 그들은 이미 20년 혹은 30년을 감옥에서 살고 있는 사람들이었다.

독방에 들어와 밤늦도록 뒤척이다 잠이 들었는데 새벽녘에 벽을 두드리는 소리가 들렸다.

"어떻게 들어왔소?"

내가 대답을 하지 않고 가만히 있으니까 그가 다시 물었다.

"몇 년 형을 받았소?"

"아직 미결입니다."

"나는 30년째 살고 있소. 살다 보면 여기도 견딜 만 하니 힘내시오."

그는 마음을 다해서 나를 위로했다. 그러나 그의 위로는 섬뜩하게 들렸다.

이틀 만에 4옥사로 옮기게 되었다. 4옥사로 옮기고 나서도 다른 수감자들과 마주치는 경우는 목욕할 때와 운동시간에 잠시 스치는 정도였다. 나는 누구와도 말하면 안 되었다.

교도소 안에서 《서양 중세 사상사》를 읽었다. 크리스찬 아카데미에서 출간한 10권짜리 '대화' 시리즈도 다 읽어 내려갔다. 열중해서 책을 읽다가 문득 교도소 안이 독서하기에 가장 좋은 곳이라는 생각이 들었고, 서글픈 심정에 혼자 웃기도 하였다. 아무튼 나는 교도소 안에서 많은 책들을 읽었다. 그럼에도 순간순간 참을 수 없는 슬픔이 목을 타고 올라왔다. 그 슬픔들을 삼킬 수가 없었다. 뱉을 수도 없었다. 그저 속에 계속 밀어 넣었다. 그러자 갑갑해서 죽을 지경이 되었다. 온몸이 가려웠고, 피부가 부풀어 오르는 것 같았다. 시멘트 벽에 맨살을 비벼대고 싶은 충동을 참아내느라 나는 손에 깍지를 끼고 종일 풀지 않기도 했다. 시멘트 벽에 맨살을 문질러 피부가 깡그리 벗겨지면, 그러면 숨을 쉴 수 있을 것 같은 고통에 밤새도록 신음했던 날들도 있었다.

얼굴은 보지 못하고 목소리만 들었던 6옥사의 수형자들. 출감 후에도 그들의 목소리가 계속 귓가에서 빙빙 돌았다. 어쩌면 그들은 이미 저 세상으로 건너갔는지 모르겠다. 그 후에 석방된 사람도 있었을 것이다. 그러나 나는 지금도 여전히 그들의 간곡한 하소연을 듣고 있다.

나는 대전교도소에서 1심 재판을 받으며 6개월을 보냈고, 집행유예로 풀려났다. 그러나 이규호 형제는 7년, 김종생 형제는 5년, 박재순 형제는 2년 6개월의 형을 살아야 했다.

우리가 교도소에 있는 동안 인권변호사인 하경철 변호사가 대법원까지 변론해 주었다. 한국기독교교회협의회(NCCK) 인권위원회가 이 사건을 주목하고 적극적으로 국내외에 알렸고, 출소했을 때 매우 따뜻하게 맞아 주었다. 국제앰네스티가 돕겠다고 나서 주었던 일도 참 고마웠다. 우리가 어느 교단에도 속하지 않았기 때문에 교회의 도움을 받을 수가 없었는데, 이런 사실을 알게 된 대전 민중교회 유영소 목사가 한국기독교장로회 교단에 알려 대내외적인 협력을 구하면서 우리를 적극적으로 지원해 주었다.

한남대 부총장이었던 서의필 교수, 한국신학연구소 안병무 박사, 보수적인 신학교인 침례신학대학의 학생처장 이정희 교수와 사감 도한호 교수도 나를 많이 위로했다. 특별히 도한호 교수는 내가 돌아갈 집이 없는 처지인 걸 알고 나의 주민등록을 여러 해 동안 당신의 집에 옮겨놓도록 허락해 주었다. 출소 후에 형사의 감시를 받아야 했기 때문에 그것은 매우 불편한 일이었다. 하지만 도한호 교수는 끝까지 나를 지지해 주었다. 무교회주의의 성주확 선생님, 늘 우리들의 든든한 형님이었던 양희태 선생님도 함께 아픔을 나눠주었다. 우리가 수감되어 있는 동안 권경학 형제와 임세영 형제는 군대를 전역하자마자 물심양면으로 우리들을 돕기 시작했다.

우리가 개인적으로 겪은 아픔과 고통은 분명 크고 억울한 사건이었다. 그러나 그 엄혹한 시절에 우리 사회와 우리 주변의 많은 사람들이 마음과 물질과 시간을 아끼지 않고 우리와 함께하였다. 우리는 결코 혼자가 아니었다.

참으로 혹독한 시절이었지만, 우리는 좌절하지 않았다. 오히려 그 시절을 자랑스럽게 여기며 견딜 수 있었다. 또한 그 사건을 딛고 일어서서 오늘까지 건강하게 살 수 있었다. 그 까닭이 뭘까?

대답은 간단하다. 한울모임에서 우리는 담대하고 강해졌기 때문이다. 한울모임을 통해서 우리들은 우리들 자신조차 몰랐던 힘을 가지게 되었기 때문이다. 그래서 우리는 그 숱한 고문과 겁박을 당하면서도 우리 사이에 어떤 오해나 원망이 일어나지 않았다. 그러나 안타깝게도 모임은 완전히 해체되었다.

모임이 해체된 것보다 더 가슴 아프고 우리 모두가 함께 가슴 아파한 것은 한울모임에 열심히 참석했던 어린 학생들의 이야기를 듣고 나서다. 우리들은 정말 몰랐다. 그 당시 우리 한울모임의 막내들이었던 고등학생들이 경찰서에서 구타와 협박을 당하고 거짓 진술서를 써야만 했던 아픈 일들을, 그로 인해 학생들이 크게 상처를 입었다는 것을 나중에야 알았다. 우리는 모두 무지했고, 각자의 삶을 헤쳐 나가기가 버거워서 학생들을 생각하지 못하였다. 그 일이 정말 두고두고 미안하다.

지금은 그 고등학생들조차 다들 예순을 넘어서고 있을 것이다. 언젠가는 우리들 모두가 모여서 우리들의 상처가 헤실헤실 다 풀어질 때까지 이야기를 나누고 싶다. 시간이 많이 흘렀지만, 아직도 우리 모두에게는 치유가 필요하다.

나의 20대는 온전히 한울모임과 함께 하면서 정체성을 확립했다. 한울은 내 영혼과 정신의 고향이고 그루터기이다. 나는 한울로 인해 꿋꿋하게 살아있는 존재이다.

한울회 사건이 우리에게 일어나지 않았다면 어떻게 되었을까? 한울모임이 좋은 시대를 만나서 꽃을 피웠다면 새로운 가능성을 열었을 것이 분명하다. 우리 사회는 더 건강한 사회가 되었을 것이다. 우리들은 결단코 삶에 대한 아름다움을 잃지 않았을 것이다. 그리고 세상을 떠난 이규호 형제가 맨몸으로 그렇게 고군분투하지 않아도 되었을 것이다. 공동체의 지지와 도움이 있었다면, 누구나 그에게서 느꼈던 순수한 영혼이 훨씬 더 아름다운 모습으로 꽃을 피웠을 것이다. 진리에 대한 목마름, 사회정의에 대한 깊은 관심, 그리고 타인의 아픔에 대한 깊은 연민이 그를 극한까지 몰고 가는 일도 없었을 것이다.

나는 결코 한울회 사건 이전으로 돌아갈 수가 없다. 그러나 긴 시간이 지나고 보니 한울회 사건은 나를 크게 확장시킨 사건이었다. 그 사건은 내 몸에 지워지지 않는 상처로 남아 있지만, 그 상처는 지금 나에게 매우 소중하다.

대전 판암동에서 교회를 개척하고 18년간 목회하면서 건물 없는 교회, 공동체 교회를 실험적으로 모색했다. 그러면서 에큐메니컬 운동에 꾸준히 참여했고, 에큐메니컬 영성단체인 한국샬렘영성훈련원에서 구도자적인 삶을 살면서 한 사람 한 사람을 인연에 따라 돕고 있다. 지금 돌아보니 나에게는 홍응표 선생님의 모습을 닮고 싶은 간절함이 있었다.

한울은 지금도 여전히 내가 가는 길을 밝게 비춰주는 등불이다. 한울의 등불이 밝혀주는 길을 쉬지 않고 달려온 나의 목회, 참 행복한 여정이다.

최소한의 권리

이선종

최소한의 권리

나의 어린 시절은 행복하지 않았다. 두 살 무렵 부모님의 이혼 후 낯선 친척집을 전전하며 외롭고 고단한 삶을 살았다. 그런 내게 유일하게 따뜻한 기억을 남겨준 것이 홍응표 선생님이 이끄셨던 네비게이토 선교회, 그리고 이후 그의 제자들이 함께 꿈과 진실을 품고 생명으로 살아냈던 한울모임이었다. 홍응표 선생님이 떠난 후에도 우리는 매주 모여 예배를 드리고, 오후에는 독서토론과 강의로 공동체를 이어갔다.

1981년, 나는 서울에 있는 대학으로 유학을 갔다. 기숙사를 신청하였지만 차례가 오지 않았다. 하숙할 형편이 되지 않아서 2주간 간신히 하숙 생활을 하다가 독서실 지하 습기 찬 방으로 이사를 하였다. 곰팡이가 가득한 지하실에 짐을 푸니 마음이 몹시 심란하였다. 대전을 떠나온 지 겨우 2주가 지났을 뿐인데, 한울 형제들이 몹시 그리웠다. 당장 한울 형제들이 있는 대전으로 가지 않으면 나의 외로움과 고달픈 마음을 해결할 수가 없었다. 호주머니엔 대전에 갈 수 있는 차비만 겨우 있었다. 아마 배가 고픈 상태에서 버스를 탔던 것 같다. 대전 중리동에 있는 한울공동체 '뻐꾸기 둥지'로 갔더니 이규호 선배, 김종생 선배, 그리고 몇몇 친구들과 홍성환 선생님의 제자들인 임정묵, 오민주(가명) 등 여러 명의 고등학생들이 있었다.

예배가 끝나고 잠시 밖에서 바람을 쐬고 있는데, 형사들이 커다란 개 두 마리를 끌고 나타났다. 우리를 포위하더니 모두 승합차에 태웠다. 우리에게 방 두 칸을 빌려준 집 주인도 함께 끌려갔다. 우리는 그렇게 대전경찰서 유치장에 갇히게 되었는데, 김종생 형은 방위병이라 국군교도소로 끌려갔다. '뻐꾸기 둥지' 집 주인은 자신은 한울모임과 아무 상관이 없다며 단식 투쟁을 하였고, 다음 날 풀려났다.

형사들은 우리들을 한밤중에 불러서 돌려가며 고도의 심리전을 폈다. 반복해서 똑같은 질문을 수없이 해댔다. 형사들은 자신들이 짜놓은 각본대로 끌고 갔다. 이규호 선배는 우리들을 만날 때마다 당부했고 다그쳤다.

"모든 것을 다 나에게 돌리고 여러분은 나갈 궁리만 하세요."

유치장에서는 꽁보리밥과 단무지만 나왔는데, 그 시간만 되면 모든 걸 잊고 기도했다.

"하나님, 새로운 경험에 대해 굳건한 마음을 주세요."

식사하면서 은밀히 대화를 나누는 중에 갇힌 것을 잊는 은혜가 있었다. 우리는 기도하면서 서로를 격려했고, 위로했고, 또 생각을 나눴다.

"우리가 마음에 품고 실천했던 공동체 활동과 주님께서 주신 아름다운 꿈이 이 시대의 정권과 사악한 세력에게는 맞지 않는 거야."

"우리가 당하는 고난은 주님이 우리에게 주신 확실한 신앙의 길이야."

우리는 유치장 안에서 틈나는 대로 함께 기도했고, 조사를 받느라 흩어지면 각자 기도했다. 밤 8시가 되면 드라마를 보던 형사들이 우리를 보고 혀를 차며 중얼거렸다.

"머리 좋은 놈들이 출세할 생각을 해야지."

"좋은 대학에 간 놈들이 나라를 전복하려고 하다니 쯧쯧쯧……."

"배가 고파서 도둑질을 한 잡범보다 너희들은 더 나쁜 놈들이야."

나는 유치장 안에서 밤마다 몸이 가려워 환장할 지경이었다. 옴에 걸린 것이었다. 전신에 퍼지기 시작한 옴은 나의 정신을 갉아 먹었다. 너무 가려워서 몸을 긁고 있는 나에게 형사들이 말했다.

"너는 형기가 4년에서 무기징역까지 갈 수 있다."

그들이 만든 수괴 지도에 의하면 나는 선전부장이 되어 있었다. '뻐꾸기 둥지'에 나의 친구 강교섭을 데려와 살게 했다는 것과 서울 용산에서 집이 없는 사람들에게 밥을 지어주고 봉사하며 얹혀사는 할아버지 한 분에게 '뻐꾸기 둥지'를 소개한 것이 그 이유였다.

형사들은 일주일 동안 거의 잠을 재우지 않았다. 그들은 반복해서 물었다.

"누가 주동자냐?"

형사들은 한울모임이 북한과 내통하고, 공산주의 사상을 가르쳤다고 윽박질렀다. 형사들은 묻고 또 물었다.

"수괴한테서는 어떻게 지령을 받았냐?"

형사들은 아예 각본을 짜놓고 취조했다. 2주가 지나자 형사들은 이규호 선배와 박재순 선생님을 수괴 자리에 앉혔다. 나는 별로 중요한 인물이 아니라고 생각했는지 선전부장 자리에 앉혀 놓았다. 그러나 나는 후에 알았다. 박재순 선생님과 홍성환 선생님, 그리고 이규호 선배가 간신히 대학에 들어간 나를 위해서 여러 차례 간곡히 말했다는 것이다.

"이선종은 우리 모임에 아무런 영향이 없습니다."

나는 그 이야기를 전해 듣고 나서 기숙사에서 얼마나 울었는지 모른다. 정말 너무나도 부끄러웠다. 혼자서 먼저 나온 것이 수치스러웠다. 감옥에 있는 선배들이 안타까워서 나는 밤마다 울고, 또 울었다.

선배들에 대한 미안함과 송구함을 이기지 못한 나에게 우울증이 찾아왔다. 또한 그즈음 1년 반 동안이나 계속되었던 옴으로 인한 가려움 때문에 미칠 지경이었다. 그러나 나에게는 옴을 치료할 돈이 없었다. 약을 사 먹지 못하고 옴을 고스란히 견디려니 참으로 힘들었다. 육체는 물론 내 마음과 영혼 모두 공황장애 같은 정신 불안에 빠져 있었다. 그런 나를 위해서 어머니는 날마다 간절히 기도해 주셨다.

어머니의 기도 덕분에 옴이 치료되었고, 홍성환, 이충근, 이건종 선생님이 집행유예로 6개월 만에 나온 것도 위로가 되었다. 하지만 생명을 위협당하고 더 이상 미래가 없을 것 같이 여기도록 협박을 당하며 만신창이가 되어가던 일은 잊을 수가 없었다.

재판에 불려 다니며 한 달 혹은 두 달 가까이 갖은 곤욕을 치른 고등학생들 이야기도 너무 마음이 아팠다. 만나서 뭔가 위로해 주고 싶었지만, 만나지 않는 것이 그들을 돕는 길이라 여겨 만나지 않았다. 그러나 이 일은 다시 생각해도 무책임한 일이었다. 그래서 나는 많이 부끄럽고 미안하다. 그때 그 고등학생들에게 눈물로 사과한다.

대학을 졸업하고 교사 생활을 하는 10년 동안 형사들이 끊임없이 잠행하여 나의 사생활을 무참하게 무너뜨렸다. 그들은 나의 사회생활 첫 진입을 방해했고, 직장 상사들에게 나를 요주의 인물이라고 했으며, 또한 그들에게 나를 정기적으로 관찰하도록 의무화했다. 형사들에게 위임된 국가의 폭력은 정말 너무나 집요했다. 나의 20대와 30대는 그렇게 무너져 갔고, 고립되었다.

나는 지금도 아프다. 그러나 그 아픔은 과거 국가가 나에게 저지른 폭력 때문이 아니다. 지금 내 마음을 아프게 하는 것은 내 인생에서 소중했던 한울모임이 와해된 것이다. 또 그 좋은 친구들과 후배들, 영원한 스승의 삶을 살아낸 형들과 적극적으로 모임을 만들지 못하게 된 상황에 대해 나는 큰 통증을 느낀다. 우리는 그때 참으로 위대한 이상을 품었었다. 가난한 이들과 소외된 이들을 돕고자 했다. 우리에게는 하나님께서 생명으로 주신 참 구원의 기쁨이 있었고, 그 기쁨을 나라와 인류를 위해 살아 내리라는 뜨거움이 있었다.

국가는 안다. 한울모임이 얼마나 위대한 구심적 역할을 하고 있었는지를. 그러나 국가는 모른다. 한울모임을 해체한 것이 대한민국을 얼마나 황폐하게 만들었는지를. 이 부분에 대해서 국가는 보상을 할 수 없다. 국가는 우리에게 아무것도 회복시켜 줄 수가 없다. 그래서 나는 마음이 아프다. 더구나 국가는 지금까지 나에게 저지른 잘못에 대하여 아무런 사과도 하지 않았고, 아무런 보상도 하지 않았다. 나는 나의 삶을 무너뜨리고 고통 속에 몰아넣은 국가권력으로부터 반드시 공식적인 사과를 받아야 한다. 이것은 한 사람의 국민으로서 내가 요구하는 최소한의 권리이다. 또한 대한민국에 정의가 바로 세워지기 위해서라도 반드시 이루어져야 할 일이다.

2009년 12월 수유리에서 만나 교제하다. 앞줄 왼쪽부터 박재순 선인수 이종근 김종생 뒷줄은 홍성환

고백

김종생

고백

20대 초반 가장 젊었던 날, 우리 공동체는 아름다웠다. 나는 그 아름다움 속에서 처음 신앙생활을 했던 중학교 2학년 성탄절을 종종 기억에서 꺼내보곤 한다. 교회 전도사님은 당신을 대신해서 새벽종을 치던 어린 나에게 반드시 주의 종이 되어야 한다고 말씀하셨고, 나는 주의 종의 길을 가는 여정을 따르게 되었다.

신학생이 되고, 선배였던 조덕형 형과 가까이 지내면서 교회와 신학교 생활의 많은 부분을 공유하게 되었는데, 어느 날 네비게이토 선교회 활동을 하는 홍응표 선생님의 성경공부 모임에 참석하게 되었다. 그 모임은 단순한 공부를 넘어, 삶을 바꾸는 진리의 실험장이었다.

성경공부 모임이 열린 곳은 이규호 형제의 복수동 집이었고, 로마서 강해 집회였다. 10여 명의 형제자매가 강의를 들으면서 자유롭게 질문하는 모습은 충격적일만큼 새로웠고 강한 매력을 느꼈다. 소그룹 성경공부가 처음이었던 나는 진리를 탐구하는 형제자매들의 진지한 모습과 홍응표 선생님의 열정적인 강의에 매료되었다.

홍응표 선생님과는 짧은 만남이었지만, 제도권 교회의 교리를 넘어서서 진리가 가져다주는 자유를 경험하게 되었고, 그 이후 나의 삶은 진지한 탐구와 성찰이 이어지게 되었다.

우리들에게 많은 가르침을 주던 홍응표 선생님이 아쉽게도 대전을 떠나시게 되었다. 그럼에도 우리들은 이규호 형제를 중심으로 열심히 모였다. 1979년으로 접어들면서 대전시 문화동 보문산 자락에 있는 1층 양옥집의 방 두 칸을 얻어 임세영, 이건종, 이규호 형제 등이 공동생활을 시작하였다. 이곳은 그동안 신앙·교육·공동체를 암묵적으로 함께 공유해왔던 '형제들과의 공동생활'의 실험장이기도 하였다. 그곳을 '뻐꾸기 둥지'라고 불렀는데, 6개월여밖에 안 되는 짧은 시간과 방 두 칸이 전부인 작은 공간이었지만 이곳에서의 경험은 내 인생에서 삶의 가치와 방향을 잡는 데 크고도 깊은 영향을 주었다.

'뻐꾸기 둥지'는 그해 가을에 잠정적으로 해체되었다. 그 후 1년쯤 지난 1980년 12월, 우리는 다시 한번 모여서 공동생활을 하자는 데 의견의 일치를 보았고 공동생활을 할 집을 찾아 나섰다.

우리가 찾은 집은 중리동에 있는, 선교사들이 사용하다가 떠난 집이었다. 집 주변으로 커다란 나무들이 숲처럼 보였고, 집 가까이에 크지 않은 저수지가 있고, 적절한 너비의 산책길도 있었다. 우리는 간디와 톨스토이가 영향을 받았다고 전해지는 헨리 데이비드 소로우의 월든 호숫가를 연상하며 바로 이곳이 하나님이 예비하신 '고센 땅' 같다는 느낌을 받았다.

하나님이 마련해 주신 영혼의 쉼터 같은 중리동 집에 한울모임은 두 번째 '뻐꾸기 둥지'를 틀었고, 공동생활의 원칙을 만들었다.

일요일에는 예배와 성경공부, 또 회원들이 함께 공부할 수 있는 강의를 열거나 독서토론을 하는 장소로 개방하되, 평일에는 피로감을 느끼면 역동성을 맛볼 수 없으니 개인의 시간과 공간을 어느 정도 보장하자는 것에 의견 일치를 보았다. 또 세 사람 가운데 한 사람이 손님을 맞기로 하고, 약속한 경우가 아니면 불쑥불쑥 찾는 무례함을 지양하는 것에도 의견을 모았다. 또 늦게까지 대화를 하다가 지쳐서 취침하는 일은 없어야 한다는 규칙도 만들었다.

나는 중리동 '뻐꾸기 둥지'에서 책읽기와 글쓰기, 발제와 토론 등을 통하여 집단지성적 탐구와 성찰을 배웠다. 본회퍼의 '타자를 위한 교회'를 온몸으로 체득했고, 배제되고 고립되는 약자를 고려하고 배려하는 측은지심과 개인의 자유를 애써 챙겨보려는 눈물겨운 형제애를 맛보았다.

가까운 곳에 나의 본가가 있어서 가끔 집에 들려 어머니가 해주시는 김치와 반찬들을 나르기도 하였다. 내가 어머니로부터 반찬을 조달해오는 날은 식탁이 풍성했고, 모두가 맛있게 식사를 했던 기억이 난다. 그 당시 나는 방위병으로 군복무 중이었기 때문에 군복무에 차질을 빚지 않으려고 무던히 노력하였다.

한울모임의 공동생활은 그야말로 진리라고 확신하는 것을 삶 속에서 실행하는 '진리 실험' 그 자체였다. 신앙과 공동체적 삶을 통해 자신만을 위한 이기적인 삶이 아니라 이타적인 삶의 가치관과 세계관을 형성하고, 시대의 요구에 응답할 수 있는 소금과 같은 그리스도인을 꿈꾸었다. 우리는 몹시 진지했다. 가난했지만 나누며 풍성했고, 불편했지만 깊은 마음을 나누었다. 그러나 우리들의 꿈 같은 시간은 4개월여 만에 막을 내리게 된다.

1981년 3월 15일 일요일, 주일예배를 마치고 점심식사 준비하고 있던 시간이었다. 그러니까 우리들 중 아무도 점심을 먹지 못했다. 또 아침밥을 먹지 못하고 와서 점심식사 시간을 고대하던 형제도 있었을 터였다.

갑자기 10여 명의 형사들이 들이닥쳤다. 나와 이규호 형제 등 연장자들이 점심식사도 하지 못한 채 영문도 모르고 대전 서부경찰서로 연행되었다. 당시 나의 죄목은 '반국가단체의 고무 찬양과 신앙을 구실로 자생적 공산주의자로 국가전복을 음모하고 도모한 죄'이었다.

아, 그날을 어떻게 잊을 수 있단 말인가? 40년도 넘는 세월이 흘렀지만, 지금도 그때를 생각하면 두렵다. 섬뜩하다.

나는 방위병으로 복무 중이었기 때문에 군인 신분이어서 서부경찰서에서 기본적인 조사만 끝내고 보안부대로 보내졌다. 보안부대의 지하실은 작은 방들로 구성되어 있었는데, 벽에는 혈흔이 낭자했다. 또 크고 작은 몽둥이와 여러 종류의 고문 기구가 있었다. 덩치가 큰 수사관이 들어와서 다짜고짜 심문을 시작했다.

"방위병도 엄연한 대한민국 군인인데 어쩌다가 빨갱이가 되었나?"

"나는 엄연히 그리스도인이고, 신학을 공부해서 목사가 될 사람인데 빨갱이라니 이게 무슨 막말입니까?"

순간 그는 벌떡 일어서서 몽둥이를 드는가 싶더니 다짜고짜 때리기 시작했다. 수사관은 쉬지 않고 몽둥이를 휘두르면서 소리쳤다.

"여기서 살아나갈 생각은 하지 마라. 사실대로 불어라."

수사관들은 교대로 수사하면서 잠을 재우지 않았고 먹을 것도 주지 않았다. 가물가물 의식을 잃었다가 다시 깨어나기를 반복했다. 그들은 온갖 겁박을 하며 차마 입에 담을 수 없는 욕설을 퍼 부었다.

"쥐도 새도 모르게 죽여 버리겠다."
"여기서 살아나갈 생각 하지 마라."
"저 벽의 피가 무엇을 말해 주는지 아냐?"
"너 같은 빨갱이 새끼는 밥 한 끼도 아깝다."
"방위병으로 어떤 정보를 간첩에게 넘겨주었느냐?"

수치심을 느끼도록 팬티만 입히기도 하였고, 두 손을 수갑 채우 듯 묶기도 하였고, 두 무릎 사이에 몽둥이를 넣고 무릎 위에 두 발로 올라서 육중한 무게로 짓눌렀다. 머리를 뒤로 낚아채고 천장을 바라보게 하는 등 온갖 가혹 행위가 매일매일 이어졌다. 더 지독하고, 더 모멸감을 느끼고, 더 혐오스러웠던 것은 기독교인 형사의 집요한 회유였다.

"주님도 십자가를 지지 않았느냐. 목회자가 될 사람이 책임을 전가하면 되겠냐? 하나님이 그런 사람을 쓰시겠냐?"

또 다른 방식의 회유가 이어지기도 하였다.

"누가 한울회를 주도했냐?"
"너는 피해자로 여기 구금되어 있으니 빨리 시인하고 나가라."
"방위병 제대 못하면 남한산성 육군교도소에 가서 생고생하니 너를 코치한 사람 알려주고 떠나라."

수사관들은 라디오 방송 주파수를 맞추다가 북한 방송을 들은 적이 있느냐고 질문했고, 스치듯 들은 경우가 있다고 하면 그 다음부터는 북한 방송 청취를 기정사실로 만들었다. 수사관들은 내가 북한과 연결되어 있다는 고리를 만들어내려고 별의별 짓을 다 하였다.

온갖 모욕과 수모, 폭력과 고문, 구타와 협박, 수면 박탈과 굶김이 이어졌고, 게다가 심리전의 강도까지 점점 더 심해져 가고, 교묘해져 갔다. 교인 형사는 "예수도 십자가를 졌다"며 거짓 자백을 유도했다. 나는 신앙을 지키려다 더 극심한 고문을 받았다. 나는 도저히 살 수가 없어서 몇 번인가 자살 시도도 하였다. 그러는 가운데 옥중에서도 목회자의 소임을 할 수 있는 은혜의 시간이 있었다. 하지만 순간순간이 바람 앞에 놓인 등불처럼 위태로웠다. 내 생명은 언제 사라져도 이상하지 않은 상태에 있었다.

군인 신분인지라 육군교도소로 이감되어 생활하던 어느 여름 날, 계속해서 쉰밥이 배식되었다. 아무리 재소자라고 하지만 사흘 넘게 쉰밥이 배식되자 단식을 제안했다. 그러자 재소자 60여 명 전체가 항의를 위한 단식을 하게 되었다. 하지만 군인교도소라는 특별한 조직에서 집단 단식은 허용될 수가 없다. 단식 주동자로 지목이 된 나는 검정 호스로 무지막지하게 두들겨 맞았다. 그리고는 가로 60cm, 세로 30cm의 네모난 시멘트 공간인 징벌방, 일명 독거특창에 갇혔다. 그것은 감옥 안에서 다시 감옥에 갇히는 일이었다. 난 그렇게 1주일 휴가 아닌 휴가를 받았다. 그곳에 들어갈 때는 양손을 가죽으로 고정해서 움직일 수 없게 하였는데, 여름철인지라 모기가 사정없이 달려들었다. 그러나 두 손이 위로 묶인 나는 모기를 쫓아낼 수가 없었다. 한 주간 동안 나는 모기에게 엄청난 수혈을 해 주었고, 가려움은 여러 날 지속되었다. 하지만 다행스럽게도 그 후에 쉰밥은 사라졌다. 그 작은 독방 안에서 나는 매일 기도하며 말씀을 붙들었다. 옥중에서 신앙을 지킨 자로서 동료 재소자들과 나눈 신앙적 위로는 내 인생에서 가장 깊은 영적 체험이기도 했다.

놀랍고 기가 막힌 것은 재소자들 중 많은 이들이 각종 사연으로 억울하게 끌려온 사람들이었다. 그들은 가정적으로나 사회적으로 문제를 안고 살아갈 수밖에 없는, 정말로 마음이 원통한 이들이었다. 감옥에서 만난 형제들은 다윗이 사울을 피해 숨어들었던 아둘람 동굴에서 만난 원통한 형제들과 다를 바가 없었다. 뜻밖에도 감옥 안에서 억울하여 우는 이들과 함께 할 수 있는 하나님의 은혜가 나에게 주어졌던 것이다. 나는 아둘람 동굴로 변한 교도소에서 신앙으로 극복하고자 씨름했다. 지나고 보니 모든 것이 하나님의 은혜였다.

'한울회 사건'은 국가가 만든 조작 사건이었다. 그 어떤 증거도 없었고, 폭력과 고문, 허위 자백을 유도하는 수사 방식만 존재했다. 그러나 그 사건은 내게 더 깊은 깨달음을 주었다. 나의 신앙은 공동체 속에서 진리를 실천하는 길이었고, 나는 그 길을 포기하지 않았다.

이 사건은 단지 개인의 억울함을 넘어서, 1980년대 한국 기독청년 운동에 대한 국가의 탄압, 신앙의 자유에 대한 억압, 사상 검열의 폭력성을 보여주는 상징적 사례다. 이 기록이 단지 하나의 사건이 아니라, 수많은 젊은이들이 겪었던 억압과 이상 사이의 씨름을 기억하는 계기가 되는 커다란 사건이다.

나는 국가 폭력이 조작한 '한울회 사건'으로 말할 수 없이 큰 고초를 겪었음에도 한울모임은 고난 중 유익한 옥중경험이었다. 내 인생에서 요셉과 바울의 감옥 경험에 비견할 수 있는 의미 있는 시간이 되었다.

너무나도 짧은 순간이었지만 꿈같은 미래를 그려보았던 젊은 날의 한울은 나의 몸과 영혼에 깊이 새겨져 있다. 한울은 나의 영혼의 고향이다. 나는 지금도 한울의 모든 형제와 자매들에게 감사하고 있다. 그들은 나의 영혼을 일으킨 이들이며, 지금의 나를 있게 한 벗들이다.

나는 조덕형 목사님을 통해 알게 된 한울모임에서 홍응표 목사님을 만나 기독교 신앙의 기초를 다졌다. 박재순 목사님을 통해서 개인 구원을 넘어 사회 구원까지 이르는 균형 잡힌 세계관을 배웠다. 그리고 지금은 고인이 된 이규호 형제에게서 경직된 사회를 살아가는 열정과 추진력을 터득하게 되었다. 그리고 한울의 여러 형제자매들과의 어울림 속에서 진한 형제애를 느끼며 내 존재의 이유를 깨닫게 되었다.

오늘의 나는 한울과 뗄 수 없는 관계이다. 옥중생활의 아픔과 상처는 '상처 입은 치유자'가 되라는 주님의 당부이다. 이 시대 아픈 이웃들과 함께 하라는 하나님의 뜻이다. 나에게 이런 막중하고 거룩한 사명을 주신 주님께 날마다 감사가 이어진다.

지금의 나는 목회자로서 살아가고 있다. 하나님은 그 고난 속에서도 나를 버리지 않으셨고, 그 모든 시간을 통해 이 시대의 아픈 이들과 함께하라는 소명을 주셨다. 유소년시절의 가난과 옥중생활의 억울한 경험을 통해 우리 사회의 약자들과 소수자들과 연대하며 동행하는 좋은 계기가 되었다. 나는 그 뜻을 따라, 상처 속에서 피어난 진리와 공동체의 기억을 후대에 증언하고자 한다.

> 진리가 너희를 자유롭게 하리라.—〈요한복음〉 8:32

2011년 송년회. 홍 선생님을 모시고 식사를 함께하다.

역사의 진실이 밝혀지길,
무거운 멍에가 벗겨지길!

임세영

역사의 진실이 밝혀지길, 무거운 멍에가 벗겨지길!

2024년 12월 3일, 예상치 못했던 비상계엄 선포가 있었습니다. 국회 봉쇄 및 무장군인투입이라는 엄청난 사태를 겪었습니다. 계엄이 선포된 후 계엄 해제 결의안이 만장일치로 의결되는 순간까지 나는 정말 가슴을 졸이며 지켜보았습니다. 계엄 선포에 등장한 '종북 반국가 세력'이란 말에 치를 떨었습니다. 왜냐하면 '종복 반국가 세력'이라는 말은 지난 44년간 우리들 가슴속에 깊이 박혀 피를 흘리게 한, 아주 날카로운 칼날이었기 때문입니다. 도저히 무뎌지지 않는 칼날 말입니다. 우리는 아직도 그 굴레를 벗지 못한 상태입니다. 칼날은 아직도 우리 속에 깊이 박힌 채 피를 짜내고 있습니다.

한울모임, 너무나 아름다운 신앙공동체였습니다. 많게는 서른 살 남짓 젊은이들이었고, 대학생들이었고, 고등학생들과 중학생까지 있는 모임이었습니다. 중학생과 대학생은 경험과 지식의 차이가 크게 나고 있었지만, 우리들은 어린 중학생의 말일지라도 진지하게 경청했습니다. 그때 학생들의 환한 얼굴과 설렘을 우리는 보았습니다. 학생들 또한 선생님들이나 대학 선배들이 강의하는 어려운 내용을 두 눈 반짝이며 열심히 들었습니다. 학생들이 질문하거나 다시 한번 더 설명해 달라고 요청할 때, 선배들은 마음을 다해서 설명하고 답변했습니다. 학생들은 그런 선배들을 존경했고, 선배들은 학생들을 사랑했습니다.

그때의 중학생과 고등학생들이 지금은 예순 언저리에 있거나 예순이 넘었습니다. 그때 대학에 다녔던 사람들은 일흔 언저리에 있거나 일흔 중반이 넘었습니다. 이미 세상을 떠난 분도 있습니다. 44년이나 지났지만 우리는 모두 한울을 잊지 않고 있습니다.

우리는 한울이라는 깃발 아래 다시 모이고 싶습니다. 우리가 지금 한울 깃발을 높이 든다면 세상 멀리 있는 사람들도 나부끼는 한울 깃발을 볼까요? 어린 학생들과 청년들이 달려올까요?

우리가 한울모임을 잃은 것은 너무나도 큰 손실입니다. 왜냐하면 한울은 신앙모임을 넘어서 우리들의 정신적 가치를 세워가는 모임이었으니까요. 나 역시 그랬습니다. 나에게는 한울에서 얻은 소중한 유산이 있습니다. 그래서 험한 세상을 사는 동안 진정한 가치가 무엇인가를 생각하면서 살 수 있었습니다. 어떻게 하면 세상을 유익하게 할 수 있는가를 고민할 수 있었습니다. 어떻게 하면 우리 학생들의 가치관을 건강하게 해줄 수 있는가 하는 문제를 늘 생각할 수 있었습니다. 그럴 수 있었던 것은 젊은 날, 나에게 한울이 있었기 때문입니다. 한울이 나에게 준 크고 소중한 유산을 마음속에 간직하고 있었기 때문입니다.

나는 지겨운 입시지옥을 통과하고 안도의 숨을 쉬기도 전에 마음속 질문을 받았습니다.

"어떻게 살아야 하지?"

청소년기에 입시 때문에 꾹 눌려 있던 질문이 분출된 것입니다. 그 답을 찾아 교회에 갔습니다. 진지하게 신앙생활을 해야겠다고 결심했습니다. 때마침 세계적인 전도자 빌리 그레이엄이 내한한다는 전도집회 현수막이 여기저기 붙었고, 전도훈련이 대흥교회에서 열린다는 광고를 보았습니다.

강사는 홍응표 선생님이었습니다. 선생님이 물었습니다.

"여러분은 전도훈련을 받기 위해서 여기에 참석했는데, 과연 무엇을 전도할지 알고 있습니까? 성경에 '진리가 너희를 자유케 하리라' 하였는데, 여기서 말하는 진리가 무엇입니까? 여러분은 그리스도의 십자가 희생을 통한 구원을 체험하였습니까?"

홍응표 선생님의 질문이 내 가슴을 쳤습니다. 내 가슴이 요동쳤습니다. 이어서 홍응표 선생님이 〈요한복음〉을 읽고 설명하는데 갑자기 마음에 벼락이 떨어지면서 다시 한번 진동이 일어나는 겁니다.

> 누구든지 내 말을 듣고 나를 보내신 하나님을 믿는 자는 영원한 생명을 얻었다.

그날, 나는 조용히 기도하는 가운데 그리스도를 나의 구주로 확실하게 모실 수 있었습니다. 영생은 미래에 의와 신앙에 대한 심판을 통과한 다음에 얻는 것이 아니라는 것을 깨달았습니다. 그리스도를 믿는다는 것은 그의 희생을 통한 구원의 은혜를 믿고 받아들이는 것임을 깨닫고 나는 많이 울었습니다.

홍응표 선생님과는 그렇게 만났습니다. 홍응표 선생님은 나를 위해서 언제나 시간을 내주었고, 나의 이야기를 전적으로 들어주었고, 성경을 깊이 있게 가르쳐 주었습니다. 홍응표 선생님은 때때로 여러 명의 학생들을 잔디밭에 둘러앉게 한 후에 기독교의 기초 개념과 성경을 알려 주면서 학생들로 하여금 열정적인 토론을 이어가게 하였습니다. 당시 서울의 대학가에서는 유신체제 반대 시위가 거셌지만, 우리들은 정치와 사회 문제에는 별 관심이 없었습니다. 정치보다는 기성 교회의 제도와 관행, 예법, 엄숙주의 등에 대해 비판적인 논의를 하였고, 기독교도로서 성서적 신앙 위에 바로 설 때 사회도, 정치도 바로 설 수 있다고 생각하였습니다.

홍응표 선생님은 학생들에게 매우 헌신적이었고, 학생들을 위해 아끼는 것이 없었습니다. 선생님의 헌신과 열정은 내 앞에 있던 어둠을 몰아내고 내가 가야 하는 길을 밝혀주는 등대였습니다. 그건 비단 나 한 사람에게만 국한된 것이 아니라 젊은 친구들에게 모두 그러했습니다.

한울모임의 그루터기가 되어 준 홍응표 선생님, 그분은 지금도 여전히 우리들의 등대입니다.

1979년에 홍응표 선생님이 대전을 떠나 서울로 가셨습니다. 선생님 댁에서 가졌던 성경공부 모임을 선배들이 함께 살던 자취방에서 하게 되었습니다. 그곳은 항상 개방되어 있었고, 3~4명이 공동생활을 하면서 성경 공부도 하고 섬김과 봉사 훈련도 하였습니다. 이 모임은 지도자 없이 일요일에 모여 성경을 공부하면서 교제를 나누었고, 여름과 겨울 방학에는 여러 지역에 살던 선후배들이 함께 모여 2~3일씩 수양회를 열었습니다.

어느 날, 한울모임 청년들이 전두환 군사정권을 비판한다고 대전 경찰 조직에 알려졌고, 반정부 세력 소탕에 혈안이 되었던 경찰에게 한울모임은 좋은 먹잇감이 되었습니다.

도대체 한울모임 회원들이 무엇을 가지고 정부를 비판했을까요? 광주에서 일어난 민주화운동에서 그렇게 많은 사람들이 죽어간 사건을 어떻게 모르는 척할 수가 있습니까? 국가가 무고한 시민들을 그렇게나 많이 죽였는데 그걸 말하지 않는다면, 정말로 대한민국 국민일까요? 그것은 비판이자 걱정이었습니다.

1981년 3월 15일, 경찰은 주일 집회에 참석했던 청년 대학생들을 잡아다 감금했습니다. 고등학생 20여 명을 강제로 연행하여 조사했습니다.

경찰은 학생들을 가두고 협박하면서 불러주는 대로 받아쓰게 강요하였습니다. 거짓 진술서를 쓰게 하고 법정에서 거짓 증언을 하도록 때리고 위협했습니다. 그렇게 한울모임을, 함께 마음을 나누고, 함께 지식을 나누고, 함께 생각을 나누던, 작지만 아름다웠던 한울모임을 '반국가단체를 조직한 빨갱이'로 날조했습니다.

7개월쯤 지옥의 시간이 흐른 1981년 10월 10일 일심 판결이 났습니다. 여섯 명이 징역 7년에 자격정지 7년부터 6개월 집행유예까지 판결을 받고 옥고를 치렀습니다. 사건 피해자 중 한 명은 방위병으로 군복무 중이었기에 군사 재판을 받고 더 가혹한 군형무소에서 수형 생활을 해야 했습니다. 그리고 날조에 증인으로 동원된 고등학생들은 지울 수 없는 상처와 두려움, 죄책감을 안고 살아야 했습니다.

항소심 재판이 있었던 1982년 2월 13일, 서울고등법원 판결은 원심을 유지했습니다. 그러나 같은 해 6월 8일 대법원은 아래 이유를 들어 원심을 파기 환송했습니다.

> 한울은 단순 신앙모임으로서 반국가단체라 볼 수 없다, 이규호 논문, 〈현대의 공동체론〉은 마르크스 공산주의 공동체론을 여러 공동체 이론 중 하나로 다루고 있다. 사회 전복 이후 정부 형태를 구상하여 제시한 바 없다, 이를 전복을 도모한 반국가단체라고 볼 수 없다, 전체적으로 논문의 진의는 '신앙인의 입장'에서 현대 자본주의 경제의 소외된 인간 상실의 문제를 극복하기 위한 하나의 이론으로 공동체 문제를 연구해 본 것에 불과하다, 한울이 신앙을 바탕으로 한 신앙공동체라는 점 외에 피고인들의 의견이 일치되지 않았다.

대법원의 파기 환송을 보고 안도의 숨을 쉬었고, 이제 제자리로 돌아가는 줄 알았습니다. 그러나 같은 해 10월 15일 서울고등법원 파기 환송심 판결은 반국가단체가 아닌 신앙모임이라는 대법원의 판결을 반박하고 부정했습니다. 추가된 증거 없이 반국가단체 구성을 재확인하는 논지를 전개하였습니다. 단 이규호에게 반국가단체의 수괴로 징역 7년을 선고했던 원심을 정정하여 지도적 임무자로 호칭을 바꾸고 징역 4년 판결했고, 그 외에는 고등법원 판결 원심을 그대로 유지했습니다. 이 판결은 '핑퐁 판결'로 세간을 떠들썩하게 만들었습니다. "대법원은 신앙공동체, 고법은 반국가단체"라는 제목으로《동아일보》1982년 12월 1일 자에 보도되었습니다.

1983년 2월 8일 대법원의 재상고심 판결이 있었습니다. 대법원은 원심의 국가보안법 위반 사실을 인정하고, 한울모임이 단순한 신앙공동체라는 이전의 대법원의 판결을 스스로 부인하며, 고법의 판결을 그대로 인정했습니다. 당시 대법원 판결문에 이름을 올린 대법관은 이일규, 이성, 전상식, 그리고 유명한 '대쪽판사' 이회창이었습니다.

그로부터 30년이 지난 2010년, 이규호, 박재순 2인이 재심을 청구했습니다. 그러나 2년이 지난 2012년 5월 10일, 서울고등법원은 재심 청구를 기각하면서 그 이유를 이렇게 말합니다.

> 학생들 앞에서 '대통령이 사람을 많이 죽였다.', '광주사태는 학생운동을 짓밟은 민족사의 오점이다.', '자국민을 보호해야 할 군대가 어떻게 국민을 살육할 수 있는가. 이런 군대는 없어져야 한다.'는 말은 반국가단체 구성원들이 사회 혼란을 유포한 사항에 해당한다.

2014년 12월 30일, 대법원은 고법의 재심기각결정에 대한 재항고 판결에서 고법 판결을 파기 환송했습니다. "광주사태는 학생운동을 짓밟았다. 국민을 보호할 군대가 국민을 살상했다. 나는 대통령이라 부르지 않았다 등의 발언 취지는 헌정질서파괴범행을 저지, 반대한 사실에 해당한다, 이 부분에서 재항고 이유 주장은 이유있다. 파기하고 원심법원에 환송한다"고 판결한 것입니다. 단, 국가보안법의 반국가단체 구성은 유죄로 인정했습니다.

2015년 서울고등법원은 이규호, 박재순에게 집행유예로 국가보안법에 의한 반국가 단체 혐의의 유죄 판결 취지로 판결하였습니다.

2020년 12월 10일에 다시 출범한 '진실·화해를위한과거사정리위원회(진화위)'에 한울회 사건에 대한 진실 규명을 신청하였습니다.

진화위는 2021년 7월 한울회 사건을 조사 대상으로 결정하고, 2년이 지난 2023년 12월 14일 〈한울모임 국가보안법위반 불법구금 등 인권침해사건[이규호 등 6명] 진실규명 결정서〉를 공표하였는데, 이 결정문의 'III. 결론 및 권고사항'에 다음과 같은 내용이 담겨 있습니다.

> 이 사건은 1980년경 대전 지역 기독교인들의 모임에 대해 자본주의를 비판하고 공산주의를 찬양하는 등 공산주의 체제로 사회 계획을 실천하여 국가를 변란할 목적으로 반국가단체를 구성하였다는 이유로 1981년 3월경 수사기관에 검거되어 불법 구금, 가혹행위, 허위자백 강요 등 불법적인 조사를 받은 후 〈국가보안법〉 위반 등의 혐의로 유죄 선고를 받은 중대한 인권 침해 사건이다.
> (중략)
> - 국가는 경찰청(대전서부경찰서), 국군방첩사령부(5-7보안부대),

대전지방검찰청이 저지른 불법 구금, 가혹행위 및 허위자백을 강요한 점 등에 대해 사과하고 화해를 이루는 적절한 조치를 취하는 것이 필요하다.
- 국가는 피해자와 그 가족의 피해와 명예 회복을 위해 〈형사소송법〉, 〈군사법원법〉에 정한 바에 따라 재심 등의 조치를 취하는 것이 필요하다."

한울모임 회원들은 44년간 희망과 절망 사이를 헤맨 탁구공이었습니다. 희망은 잠깐이었고 절망은 너무 긴 세월이었습니다.

우리들은 이 결정문을 믿고 2024년 2월 서울고등법원에 재심을 청구하였고, 재심 결정을 기다리고 있습니다. 그러나 봄이 지나가고, 여름이 지나가도록, 가을도 철없이 지나고 겨울이 되었을 때 우리들의 마음은 몹시 추웠지만 그래도 인내하면서 봄을 기다렸습니다.

다시 봄이 오고 세상은 꽃 천지가 되었지만, 우리들에게는 꽃이 피는 소리가 들리지 않았습니다. 또 여름이 지나고 이제 가을의 문턱에 와 있습니다. 법원의 침묵은 도대체 언제 끝이 날까요?

당시 나이 많은 사람이 갓 30이었는데, 이제 70대 중반이 되었습니다. 다수가 건강이 좋지 않아 기다림이 고통스럽습니다. 기다림이 길어지니 분노가 우리의 육체를 갉아댑니다. 분노는 국가가 던져놓은 것입니다. 국가는 반드시 우리들의 몸에 던져놓은 분노를 거둬가야 합니다. 그리고 엎드려 사과해야 합니다. 그래야 한울모임 회원들이 웃음을 찾게 될 것입니다. 그날은 대한민국이 살 만한 나라라는 확신을 줄 것입니다.

한울모임의 아름다웠던 사람들이, 그리고 한울을 지지하는 많은 사람들이, 또 이 땅에 민주주의의 꽃이 활짝 피었다고 믿고 있는 사람들이 강력하게 촉구합니다.

제발 하루속히 재심이 이루어져서 국가보안법을 위반했다는 굴레를, 공산주의자라는 질기고도 무거운 멍에를 벗겨내 주십시오.

작가의 글

박은자

작가의 글

 한울회 사건, 정말 내가 사는 이 땅에서 일어난 일일까요? 우리나라 대한민국에서 일어난 일일까요? 그때 국가에 붙잡혀 가고, 한 달여 시달리다가 끝내 국가가 불러주는 대로 거짓 증언을 해야만 했던 어린 고등학생들, 선생님과 선배들이 감옥에 간 것이 자신들 때문이라고 자책했을 순간들이 마음 아픕니다.
 1981년 3월 15일, 그날 이후 한울모임 사람들이 살아내야 했던 세월을 생각하면 눈물이 납니다. 그럼에도 그들 모두 반듯하게 살아냈습니다. 보통은 억울해서 제대로 살아낼 수 없었을 것입니다. 그럼에도 그들은 목회자로, 교수로 혹은 아이들의 선생님으로, 또 공무원으로 건강하게 살아냈을 뿐만 아니라, 그들 모두 이 땅의 어둠을 밝혀주는 사람들로 살아냈습니다.

그들은 큰 고통을 겪으면서도 누구도 탓하는 일이 없었습니다. 오히려 서로 극진히 위하고, 서로 미안해하고, 서로를 걱정하면서 살았습니다. 서로에 대한 존경과 신뢰도 잃지 않았습니다.

어떻게 그럴 수가 있었을까요? 그건 한울이 준 힘이었을 겁니다. 그들이 한울모임으로 만난 기간은 짧았지만, 한울에서 그들은 세상을 넉넉히 이길 수 있는 힘을 나눠 가졌습니다. 그들이 한울에서 함께 책을 읽고, 강의를 듣고, 서로의 마음과 생각을 나눈 일들, 자연 속에서 함께 바라보았던 밤하늘의 무수한 별들, 재잘재잘 혹은 우렁우렁 흘러가던 강물, 숲속 새들의 지저귐, 그리고 서로를 향해 환하게 웃으며 빛나던 얼굴들이 마음속 깊은 곳에서 무럭무럭 자라나서 어둠이나 절망 같은 것을 몰아냈을 것입니다.

그래도 그들은 슬펐을 것입니다.

그래도 그들은 아팠을 것입니다.

그리고 때때로 많이 무서웠을 것입니다.

열네 분은 기꺼이 내 안에 들어와 주셨습니다.

어린 고등학생이었던 민주(가명)의 이야기를 쓸 때 나는 어린 민주가 되었습니다.

김종생 목사님의 이야기를 쓸 때는 내가 그 고문의 현장에 있는 것 같았습니다. 두 무릎 사이에 몽둥이를 넣고, 무릎 위에 육중한 두 발로 올라섰던 국가……. 저는 이틀 동안 허벅지의 통증을 견디지 못하고 소리를 질렀지요. 자꾸 마비가 되는 고통을 겪었습니다. 허벅지 위로 올라 선 육중한 구둣발을 밀어낼 힘이 나에게 없어서 절망스럽고 슬펐습니다.

홍성환 선생님의 이야기를 쓸 때 나는 학생들에게 라면을 끓여 주면서 파안대소하는 선생님처럼 웃었습니다. 그리고는 한참을 훌쩍거렸지요.

이선종, 이건종 형제분의 이야기는 또 얼마나 가슴을 먹먹하게 만들던지 난 한참 동안 두 분 삶의 언저리에서 서성거렸습니다.

잘못한 게 하나도 없지만 잘못했다고 말하는 어린 임정묵을 또 한참 끌어안고 소리 없이 울었습니다. 어린 김동전은 끝내 엉엉 소리 내어 울게 만들었습니다. 그날 재판정에서 무얼 증언했는지 아무것도 기억나지 않는다고, 그 어린 학생의 기억을 뭉텅 가져가버린 국가를 어떻게 해야 할까요?

박정희가 시해된 후, 브루투스의 연설문을 칠판에 쓰던 이충근 선생님의 손은 글을 쓰는 내내 나를 붙들어 주셨습니다. 선생님은 몇 번이고 제 마음판에 브루투스의 연설문을 쓰셨습니다.

한울모임에서 듣는 설교, 강의, 독서토론에 가슴 뛰었던 산골소녀 연이가 몹시 부러웠습니다. 저도 덩달아 가슴이 뛰었지요. 경찰서에서 불러주는 대로 진술서를 쓰지 않으면 집에 안 보내주겠다고 하자, 그럼 집에 안 가겠다고 당당하게 소리치던 연이는 정말 예쁘고 사랑스러웠습니다.

한울에 붙들려 있던 한 달 내내, 홍응표 목사님이 아낌없이 주셨던 사랑과 돌봄이라는 건강한 터 위에서 한울모임이 만들어졌다는 생각이 들었습니다. 교도소에 수감되는 고난이나 어떤 강풍에도 흔들림 없이 한울모임 회원들은 걸어갔습니다. 그들이 결코 잃지 않았던 사랑과 신뢰는 지금도 계속되고 있습니다. 정말 놀라움을 금할 수가 없습니다.

예수님을 닮은 홍응표 선생님, 그리고 한울 회원 모두 예수님을 닮은 사람들입니다. 특별히 눈물이 많은 임세영 교수님을 보면서 문득, 예수님도 한울모임의 고난을 보면서 눈물 많이 흘리셨을 거라는 생각이 들었습니다.

짤막한 설교 한 토막에서도 개인구원을 넘어서서 사회구원까지 이르는 균형 잡힌 세계관을 심어주던 박재순 박사님, 그분의 설교나 강의를 들으면서 정신적 가치를 회복하는 사람들은 지금도 여전히 많을 것입니다.

한울모임이 해체된 것은 국가적 손실이라는 장수명 선생님의 말은 잊을 수가 없을 것 같습니다. 한울모임은 반드시 복원되어야 하겠지요?

안타깝게도 이 땅을 떠나신 이규호 선생님……. 어린 학생들, 후배들, 또 선배들까지 그에게서 배운 것이 참 많다고 말합니다. 모두가 그리워합니다. 또 안타까워합니다. 그래서 저는 이규호 선생님이 여전히 우리들 곁에 있는 것 같습니다. 어떤 때는 아침 이슬로, 또 어느 때는 꽃이나 새들의 지저귐으로, 혹은 나비처럼 사뿐히 날아와서 우리들을 고요히 바라볼 것 같습니다. 생전에 그를 알지 못한 것이 많이 아쉬워서 그의 유작《나그함마디 문서》를 탐독중입니다.

이토록 아름다운 사람들이 옥고를 치르고, 몸과 마음을 많이 다치고, 평생 가난과 싸우고, 또 치열하게 민주주의 회복을 위해서 헌신하셨던 그 모습은 저에게 이젠 시들지도 않고 지지도 않을 꽃이 되었습니다. 꽃 하나를 얻으니 고군분투했던 시간이 말할 수 없이 달콤하게 느껴집니다.

한울모임, 참 근사하고 참 아름다운 생명의 공동체였습니다.

진실화해를위한과거사정리위원회(2013.12.14.)의
한울모임 국가보안법위반
불법구금 등 인권침해사건(이규호 등 6명)
진실규명결정서(사건번호 2바 667, 2023.12.14.) 요지

진실화해를위한과거사정리위원회(2013.12.14.)의
한울모임 국가보안법위반 불법구금 등 인권침해사건(이규호 등 6명)
진실규명결정서(사건번호 2바 667, 2023.12.14.) 요지

1. 사건개요

○ 신청인들은 수사기관이 기독교 신앙모임인 한울모임을 반국가단체로 조작하였으며 수사과정에서 수사관들에 의한 불법체포, 불법구금, 고문과 가혹행위 등 인권침해가 있었고 이로 인한 허위자백에 의존하여 유죄로 선고한 것은 사법부의 불법행위에 해당하기에 2021. 1. 5 진실규명을 신청함.

○ 조사결과 이 사건은 기록상 최소 4일 이상의 불법구금이 확인되고, 신청인들이 수사기관에서 불법구금된 가운데 구타, 고문 등의 가혹행위로 인해 허위 자백한 사건이라고 주장하는 등 "형사소송법" 상의 재심이유에 해당하여 진실규명 필요성이 인정됨.

2. 사건조사

2.1 사건의 배경과 조사범위

○ 1979년 12.12 군사반란으로 정권을 장악한 전두환 정권은 집권 초기부터 국민들의 민주화 요구를 억압하는 공안 국면을 강화, 지속하였음. 이에 1981년 대전지역에선 아람회 사건(2009. 5. 21 재심판결 무죄선고), 청람회 사건(2024. 6. 13. 재심판결 무죄선고) 등 반국가단체 공안사건이 연이어 발행함.

○ 진실화해를위한과거사정리위원회(이하 진화위)는 사건 서면과 더불어 이들 사건과 한울모임 사건을 담당한 대전경찰서 정보 2과 최○○, 전○

ㅇ, 대전서부경찰서 정보2과 정ㅇㅇ, 유ㅇㅇ, 수사과 전ㅇㅇ, 정보2과 임ㅇㅇ, 박ㅇㅇ과 대전지방검찰청 정용식검사를 조사함.

2.2 사건조사 결과
○ 불법구금: 자료조사 및 진술조사 결과 이규호는 33일간, 박재순, 홍성환, 이충근은 25일간, 이건종은 27일간, 김종생은 42일간 불법구금된 것으로 판단됨(신청인들의 사건 경과사항-수사기록기준 참고)

○ 가혹행위 및 진술강요: 아람회 사건 수사시 수사지휘부가 이들이 이적단체가 아님을 알고서도 의도성을 갖고 수사를 추진했다고 보며, 사건 실체를 왜곡, 과장한 수사였다고 진술함. 항소이유서에서 구타, 유체적, 심리적 고통을 당하며 자의가 아닌 조서를 썼고, 밤중과 새벽까지 소서를 쓰는 등 부당한 상황에서 검찰조서을 작성하였다"고 기재됨. 법원에서 참고인 임정묵, 임정수, 장수명, 예현주, 안현숙, 이정하, 이기인 등의 진술에 따르면 유도, 강요, 허위사실 등으로 참고인 진술서가 작성된 것을 확인함.

3. 결론 및 권고사항
3.1 결론
○ 신청인들은 영장 없이 최소 5일 이상 불법 구금됨
○ 신청인들과 참고인들은 조사과정에서 구타, 협박 등 가혹행위가 있었다 진술하였으며, 경찰 및 검찰 조사대상자들 역시 당시 공안사건 수사방식으로 밤샘조사 및 경우에 따른 구타는 있었다 진술.
○ 이를 종합하면 신청인들은 수사기관에서 허위자백을 강요받았고, 그 과정에서 불법구금, 폭행, 고문, 가혹행위 및 진술강요 등 중대한 인권침해를 당한 것으로 판단됨.

○ 이는 형법 제123조(직권남용), 제124조(불법체포, 불법구금), 제125조(폭행, 가혹행위), 제324조(강요)에 해당하고 형사소송법 제420조 제7호, 같은 법 제422조의 재심이유에 해당함.

3.2 권고사항

이상과 같이 진실규명 되었으므로 과거사정리법 제34조(국가의 의무)에 따라 국가가 행할 조치에 관하여 다음과 같이 권고함.

○ 국가는 경찰청(대전서부경찰서), 국군방첩사령부(507보안부대), 대전지방검찰청이 저지른 불법 구금, 가혹행위 및 허위자백을 강요한 점 등에 대해 사과하고 화해를 이루는 적절한 조치를 취하는 것이 필요.

○ 국가는 피해자와 그 가족의 피해와 명예 회복을 위해 형사소송법, 군사법원법이 정한 바에 따라 재심 등의 조치를 취하는 것이 필요.

한울회 사건 증언자 14명의 약력

임정묵
오민주(가명)
홍응표
홍성환
이규호
장수명
박재순
임만연
김동전
이충근
이건종
이선종
김종생
임세영

임정묵

1963년 세종시 출생. 충남대학교 농학과 졸업. 한양대학교 산업경영대학원 경영학과 졸업(경영학석사). 현재 회사원.

오민주(가명)

1963년 출생. 초중고는 대전에서 보냄. 사대를 졸업하고 33년 중 16년은 고등학교 교사로 근무한 후 지금까지 중학교 교사로 재직 중. 마지막 해로 생각하고 즐겁게 근무하고 있음.

홍응표

1938 대구 출생. 계명대학교 철학과 졸업(1965). 장로회 신학대학원 졸업(1968). 네비게이토 선교회 사역. 대전에서 가정 성서집회. 목사안수(1993). 과천 가정교회 시무(1993-2007, 2013-2018).

홍성환

1951년 대전 출생. 서울대사범대 교육학과 졸업. 대성중, 대성여중, 북일고, 상문고 영어교사. 종로학원 영어강사. 강화도 "이웃사촌" 촌장

이규호(1958~2021)

1958 대전 출생. 충남대학교 사학과 졸업. 목원대학교 신학대학원 졸업(신학석사), 대전상업고등학교 강사. 한울회 사건으로 옥고(1981. 3.~1983. 10). 대전기독교청년협의회 회장 역임. 대전충남기독교교사회운동연합 정책실장 역임.

장수명

1960년 경북 상주 출생. 충남대학교 경제학과 졸업. 미시건 주립대학교 경제학 석사, 박사. 한국교육개발원 부연구위원. 한국교원대학교 재직 중.

박재순

1950년 충남 논산 출생. 서울대학교 철학과 졸업. 한신대학교 대학원 신학과 졸업(신학박사 1992). 한국신학연구소 번역실장. 한울회 사건으로 옥고(1981.3.~1983.8.). 한신대 연구교수. 성공회대 겸임교수. 씨울사상연구회 초대 회장(2002~2007). 씨울재단 상임이사(2007~2014). 저서: '다석 유영모', '씨울사상', '함석헌의 정신과 철학', '애기애타: 안창호의 삶과 사상', '애국가 작사자 도산 안창호', '도산철학과 씨울철학'

임만연

1962년 충남 서천 출생. 1982년 옥천여자고등학교 졸업. 1986년~1989년 공주교도소 근무 현재 공인중개사사무소 운영중.

김동전

1964년 대전 출생. 충남대학교 경제학과 졸업. 서울에서 9년간 직장 생활하다 대전으로 귀향해 근 20년 자영업. 5년 전부터 다시 직장 생활중.

이충근

1955년 공주 출생, 충남대 문리대 영문과 졸업. 서울 정의여고 교사. 한신대 신학대학원 3년 수학. 그리스도신학대학 강사. 숭의여고 교사 은퇴.

이건종

1955년 청주 출생. 침례신학대학 졸업. 침례회교회진흥원 간사. 기독교한국침례회 대전살림교회 목사 은퇴. 한국샬렘영성훈련원 이사.

이선종

1959년 청주 출생. 서울대학교 음악대학 졸업(BA). Hope Inter-national University. Master Christian Music(MCM). Korea Presbyterian College of America(MDiv). Presbyterian Theological Seminary of America(Thm) 수료. Cantor, Music Pastor 카리타스합창단 음악감독. VKCC 지휘자. 성서 번역가.

김종생

1956년 대전 출생. 대전신학대학교와 장로회신학대학교 신학대학원에서 신학을 공부하고 한일장신대학교에서 사회복지학 석사와 사회복지학 박사학위를 받았다. 대전 월평종합사회복지관장, 대한예수교장로회 총회 사회봉사부 총무, 한국교회봉사단 사무총장, (사)글로벌디아코니아 상임이사를 역임했다. 현재는 한국기독교교회협의회(NCCK)총무로 섬기고 있다.

임세영

1954년 서천 출생. 충남대 공과대학 공업교육과 졸업(1977). 서울대 대학원 공업교육과 수료(교육학석사, 1979). Kassel 대학교(독일) 직업교육학과 (Dr. Phil, 1989). 한국산업인력공단 선임연구원(1982~1991). 한국기술교육대학교 교수(1991~2020). 대한공업교육학회장(2011-2013). 풀무학원 이사. 한국기술교육대학교 명예교수.